JE, TU, NOUS

DU MÊME AUTEUR

LUCE IRIGARAY

JE, TU, NOUS

*Pour une culture de
la différence*

BERNARD GRASSET
PARIS

Une première version de la plupart de ces textes a été publiée en italien dans le cadre de la rubrique « L'ordre sexuel du discours », Rinascita, en 1987 et 1988.

SOMMAIRE

ÉGALES OU DIFFÉRENTES

Quelle femme n'a pas lu *Le deuxième sexe* ? Quelle femme n'en a pas été vivifiée ? N'en est pas devenue, peut-être, féministe ? En effet, Simone de Beauvoir a été une des premières de notre siècle à rappeler l'importance de l'exploitation des femmes et à encourager chaque femme qui, par bonheur, découvrait son livre à se sentir moins seule et plus décidée à ne pas se soumettre ni s'en laisser conter.

Que faisait alors Simone de Beauvoir ? Elle racontait sa vie tout en l'étayant d'informations scientifiques. Elle n'a cessé de la raconter, courageusement, à toutes ses étapes. Elle a ainsi aidé beaucoup de femmes – et d'hommes ? – à être plus libres sexuellement, notamment en leur offrant un modèle socio-culturel, acceptable à cette époque, de vie de femme, de vie de professeur, de vie d'écrivain, de vie de couple. Elle les a aidées aussi, je crois, à se situer plus objectivement aux différents moments d'une vie.

Simone de Beauvoir a fait plus. Son goût de la justice sociale a contribué à ce qu'elle soutienne certaines féministes dans leurs actions, leurs parcours, à ce qu'elle les assiste à émerger socialement en signant leurs pétitions, en accompagnant leurs actions, en encourageant l'existence d'une chronique dans *Les temps modernes*, en préfaçant leurs livres, en participant à leurs émissions de télévision, en étant leur amie...

L'ÉPOQUE DE LA PSYCHANALYSE

Si j'ai été une lectrice du *Deuxième sexe*, je n'ai jamais été proche de Simone de Beauvoir. Pourquoi? Question de génération? Pas seulement : elle fréquentait de jeunes femmes. L'enjeu n'est pas là, pas seulement là. Il y a entre nos positions des différences importantes que j'espérais surmontables au niveau de l'amitié et de l'assistance réciproque. Concrètement, elles ne l'ont pas été. A mon envoi de *Speculum*, que je lui ai adressé comme à une sœur aînée, Simone de Beauvoir n'a jamais répondu. J'avoue en avoir été assez triste. J'espérais une lectrice attentive et intelligente, une sœur, qui m'assiste dans les difficultés universitaires et institutionnelles que je rencontrais à cause de ce livre. Cet espoir est resté sans suite, hélas! Le seul geste qu'ait fait Simone de Beauvoir fut de me demander des renseignements sur *Le langage des déments* [1], quand elle écrivait sur la vieillesse. Entre nous, pas un mot concernant la libération des femmes.

Encore une fois, comment comprendre cette distance maintenue entre deux femmes qui

---

1. Éditions Mouton, La Haye, 1973.

auraient pu, voire dû, travailler ensemble ? Outre le fait que j'ai rencontré avec les institutions universitaires des difficultés qu'ont connues des féministes américaines, par exemple, mais qui étaient étrangères à Simone de Beauvoir, qu'elle ne pouvait donc pas comprendre, certains motifs expliquent ses réticences. Simone de Beauvoir et Jean-Paul Sartre ont toujours été résistants à la psychanalyse. J'ai une formation analytique et celle-ci est importante (y compris malgré les théories et pratiques existantes) pour penser une identité sexuelle. J'ai aussi une culture philosophique, dans laquelle la psychanalyse prend sa place comme une étape de la compréhension du devenir de la conscience et de l'Histoire, notamment dans ses déterminations sexuées.

Ces deux formations ont fait que ma réflexion sur la libération des femmes a pris une autre dimension que la quête de l'égalité entre les sexes. Cela ne m'empêche pas de me joindre à, et de promouvoir, des manifestations publiques pour l'obtention de tel ou tel droit pour les femmes : droit à la contraception, à l'avortement, au soutien juridique en cas de violences publiques ou privées, droit à la liberté d'expression, etc., manifestations généralement soutenues par les féministes, même si elles signifient un droit à la différence [2].

Mais, pour que ces luttes puissent être menées autrement que dans la simple revendication, pour

---

2. Ma position est néanmoins juridiquement beaucoup plus radicale (cf. « Pourquoi définir des droits sexués », p. 101)

qu'elles aboutissent à l'inscription de droits sexués équivalents (mais forcément différents) devant la loi, il faut permettre aux femmes — et d'ailleurs aux couples — d'accéder à une autre identité. Les femmes ne peuvent jouir de tels droits que si elles trouvent une valeur à être femmes et non seulement mères. Cela signifie des siècles de valeurs socio-culturelles à repenser, transformer. Y compris en soi-même.

FEMMES ÉGALES OU DIFFÉRENTES ?

Demander l'égalité, en tant que femmes, me semble une expression erronée d'un réel objectif. Demander d'être égales suppose un terme de comparaison. A qui ou à quoi veulent être égalées les femmes ? Aux hommes ? A un salaire ? A un poste public ? A quel étalon ? Pourquoi pas à elles-mêmes ?

Une analyse un peu rigoureuse des prétentions à l'égalité montre leur bien-fondé au niveau d'une critique superficielle de la culture, mais leur utopie comme moyen de libération des femmes. L'exploitation de celles-ci est fondée sur la différence sexuelle, elle ne peut se résoudre que par la différence sexuelle. Certaines tendances de notre époque, certaines féministes de notre temps, revendiquent bruyamment la neutralisation du sexe. Cette neutralisation, si elle était possible, correspondrait à la fin de l'espèce humaine. L'espèce humaine est divisée en *deux genres* qui en assurent la production et reproduction. Vouloir supprimer la différence sexuelle, c'est appeler un génocide plus radical que tout ce qui a pu exister comme destruction dans l'Histoire. Par contre, ce qui est important, c'est de définir des valeurs d'appartenance à un genre valables pour chacun des deux sexes. Ce qui est indispensable, c'est d'élaborer une culture du sexuel, encore inexistante, dans le respect des deux genres. Du fait des décalages dans l'Histoire des époques gynécocratiques, matriarcales, patriarcales, phallocratiques, nous sommes culturellement dans une position sexuelle liée à la génération, non au genre comme sexué. Cela veut dire que la femme doit être mère et l'homme père dans la famille mais que nous manquons de valeurs positives et éthiques permettant aux deux sexes de la même génération de former un couple humain créateur et non seulement procréateur. Un des principaux obstacles à la création et à la reconnaissance de telles valeurs est l'emprise, plus ou moins obscure, des modèles patriarcaux et phallocratiques sur l'ensemble de notre civilisation depuis des siècles. Il est de pure et simple justice sociale de rééquilibrer ce pouvoir d'un sexe sur l'autre en donnant ou redonnant des valeurs culturelles à la sexualité féminine. L'enjeu en est plus clair aujourd'hui que lors de l'écriture du *Deuxième sexe*.

Sans passer par cette étape, le féminisme risque de travailler à la destruction des femmes, plus généralement de toutes les valeurs. En effet, l'égalitarisme consacre parfois beaucoup d'énergie à refuser certaines valeurs positives et à courir après rien. D'où les crises, les découragements, les régressions périodiques dans les mouvements de libération des femmes, leur non-inscription durable dans l'Histoire.

L'égalité entre hommes et femmes ne peut se réaliser sans une *pensée du genre comme sexué* et une réécriture des droits et devoirs de chaque sexe, en tant que *différent*, dans les droits et devoirs sociaux.

Les peuples se partagent sans cesse en rivalités secondaires mais meurtrières sans prendre conscience que leur première et irréductible partition est *en deux genres*. De ce point de vue, nous sommes encore dans l'enfance de la culture. Il est urgent que les luttes des femmes, les noyaux sociaux de femmes et, d'abord, chaque femme se rendent compte de l'importance des enjeux qui leur reviennent. Ils sont liés au respect de la vie et de la culture, au passage incessant du naturel dans le culturel, du spirituel dans le naturel. La responsabilité et la chance des femmes correspondent à une étape de l'évolution du monde et non à quelque compétition plus ou moins lucide et négative à l'intérieur d'un monde en voie de mutation et où la vie est à divers titres en péril.

Respecter Simone de Beauvoir, c'est poursuivre l'œuvre théorique et pratique de justice sociale qu'elle a menée à sa façon, c'est ne pas refermer l'horizon de libération qu'elle a ouvert pour beaucoup de femmes, et d'hommes... Cet horizon, elle en a certainement reçu une part d'inspiration dans ses longues promenades souvent solitaires dans la garrigue, dans la nature. Son goût et ses récits à ce sujet me semblent un de ses messages à ne pas oublier.

L'OUBLI
DES GÉNÉALOGIES FÉMININES

La question de l'identité sexuée est une des plus importantes de notre époque. A mon avis, elle est la plus importante pour différentes raisons :

1. *La différence sexuelle est nécessaire au maintien de notre espèce*, non seulement parce qu'elle est le lieu de la procréation mais aussi celui de la régénération de la vie. Les sexes se régénèrent l'un l'autre en dehors de toute reproduction. Celle-ci risque même d'affaiblir la vie de l'espèce en réduisant la différence sexuelle comme telle à la généalogie. Certaines cultures ont su et ont pratiqué cette vérité. Nous l'avons oubliée le plus souvent. Cela a donné à notre sexualité un caractère pauvre, mécanique, plus régressif et pervers que la sexualité animale parfois, malgré nos arguments moraux.

2. *Le statut de la différence sexuelle est évidemment lié à celui de notre culture et de ses langages.* L'économie sexuelle qui est la nôtre depuis des siècles est si souvent coupée de toute élaboration esthétique, spéculative, réellement éthique, que l'idée d'une culture sexuée étonne la plupart. Le sexe serait une affaire séparée de la civilisation. Un peu de réflexion et d'enquête montre qu'il n'en est rien, qu'il est impossible que la sexualité,

dite privée, échappe aux normes sociales. Et cela d'autant moins que nous n'avons pas ou peu de règles sexuelles spécifiques, de rites ou parades sexuels appropriés à notre temps. Notre civilisation a progressé en oubliant l'ordre sexué. Il est d'une ironie assez cruelle que des cultures, aussi subtiles que la nôtre sur certains points, soient si pauvres ou appauvries sur d'autres et aillent aujourd'hui chercher des secrets ou règles sexuels auprès des animaux, des plantes, des civilisations lointaines. Une culture sexuée manque à notre maturité humaine et à l'avenir de notre civilisation.

3. *La régression de la culture sexuelle s'accompagne* de la mise en place de valeurs différentes, prétendûment universelles mais qui apparaissent comme *l'emprise d'une part de l'humanité sur l'autre*, en l'occurrence du monde des hommes sur celui des femmes. Cette injustice sociale et culturelle, de nos jours méconnue, doit être interprétée et modifiée pour libérer nos potentiels subjectifs dans les systèmes d'échanges, les moyens de communication et de création. Il faut notamment faire apparaître que nous vivons selon des systèmes généalogiques exclusivement masculins. Nos sociétés, constituées par moitié d'hommes et de femmes, sont issues de deux généalogies et non d'une : mères → filles et pères → fils (sans parler des généalogies croisées : mères → fils, pères → filles). Le pouvoir patriarcal s'organise par soumission d'une généalogie à l'autre. Ainsi ce qui s'appelle aujourd'hui structure œdipienne comme accès à

l'ordre culturel s'organise déjà à l'intérieur d'une seule lignée de filiation masculine sans symbolisation de la relation de la femme à sa mère. Les rapports mères-filles dans les sociétés patrilinéaires sont subordonnés aux relations entre hommes.

DES DIEUES AUX DIEUX

Les sociétés autres que patriarcales correspondent aux traditions où il existe un ordre culturel féminin qui se transmet de mères à filles. Johann Jacob Bachofen, par exemple, expose des éléments de cette civilisation féminine dans *Du règne de la mère au patriarcat* [1]. J'ai, pour ma part, analysé certains événements marquant le passage de la transmission du pouvoir maternel-féminin de la fille au fils dans *Amante marine* [2] (notamment dans les chapitres « Quand naissent les dieux » et « Lèvres voilées »).

Il faut noter que, dans cette transformation de généalogie spirituelle, l'économie du discours a changé de qualités et de style. Ainsi, en s'emparant de l'oracle, de la vérité, les dieux-hommes les ont séparés de leurs racines terrestres et corporelles. Cette mutation s'est accompagnée de modifications dans les rapports au droit, à la justice, à l'argumentation. Un nouvel ordre logique

---

1. Pages choisies par Adrien Turel, Éditions de l'Aire, 1980.
2. Éditions de Minuit, 1980.

s'est mis en place qui censure la parole des femmes et la rend peu à peu inaudible.

Dans un oubli et une méconnaissance incroyables, les traditions patriarcales ont effacé les traces des généalogies mères-filles. De nos jours, la plupart des scientifiques prétendent, en toute bonne foi le plus souvent, que tout cela n'a jamais existé et n'est qu'imagination féminine ou féministe. Évidemment ces savant(e)s ne travaillent pas depuis des années sur la question, ils ne la connaissent pas, mais ils se permettent de juger en fonction du cadrage de leurs recherches et sans enquête suffisante concernant notre histoire culturelle. Cet oubli est un symptôme de la culture patriarcale. Il explique la déréliction et l'errance de l'homme moderne qui méconnaît l'origine de ses rapports au monde.

Comment habiter la terre sans dieux ?

Dans un texte : « L'oubli de Hestia [3] », Jean-Joseph Goux, philosophe français, analyse en ces termes le parcours nostalgique de Heidegger en quête d'une possibilité d'habiter la terre en mortels sans renoncer à la dimension du divin

3. *Le sexe linguistique*, revue *Langages*, n° 85, Éditions Larousse, mars 1987. Ce chapitre reprend, partiellement, l'introduction que j'avais écrite pour cet ensemble de textes de Marie Mauxion, Patrizia Violi, Luisa Muraro, Marina Mizzau, Jean-Joseph Goux, Éliane Koskas, Hélène Rouch et Luce Irigaray.

comme fête et accomplissement. Il explique que le terme *être* s'identifie souvent avec le terme *habiter* dans la philosophie de Heidegger et que cette coïncidence augmente avec le cheminement de sa pensée. Pour cette démonstration, Jean-Joseph Goux utilise les racines indo-européennes de ces mots. Or, à ces mêmes racines – signifiant *être* et *habiter* –, se rattache le nom de *Hestia*, divinité féminine qui gardait la flamme du foyer domestique. Le divin est donc gardé à la maison par la femme. Il se transmet de mères en filles. Lorsqu'une fille se marie, la mère allume une torche à l'autel de son foyer et la porte, précédant le jeune couple, jusqu'à leur nouvelle demeure. Elle y allume ainsi le premier feu de l'autel domestique de sa fille. Ce feu indique la garde de la pureté par la femme. Cette pureté ne signifie pas une virginité défensive ni pudibonde, comme pourraient l'entendre nos contemporain(e)s profanes, elle ne signifie pas non plus une allégeance à la culture patriarcale et à sa définition de la virginité comme valeur d'échange entre hommes, elle a comme sens la fidélité de la femme à son identité et à sa généalogie féminines [4]. Le respect de ces qualités et filiations féminines est gage du caractère sacré de la maison. La perte de la dimension de l'habitation terrestre accompagne l'oubli de Hestia au bénéfice de

---

4. Du moins est-ce ainsi que j'ai souhaité l'interpréter. Mais le privilège du feu et le caractère tardif de cette divinité font problème. A moins d'y lire une forme de mémoire des traditions aborigènes ?

dieux masculins, définis comme célestes par la philosophie à partir de Platon. Ces dieux extraterrestres semblent nous avoir rendus étrangers à la vie sur terre, dès lors considérée comme un exil.

Une telle interprétation de la vie terrestre, la rupture de la généalogie féminine, la méconnaissance de ses dieux, de ses propriétés, n'aident pas à l'accomplissement heureux du mariage, entendu au sens le plus général d'alliance charnelle et spirituelle entre homme et femme. Quelle que soit l'entente éventuelle d'un couple, il n'existe pas, pour lui, un lieu de rapports intersubjectifs sans mutation de la langue et de la culture. Les drames qui s'ensuivent sont parfois plus visibles dans l'art, la littérature, que dans d'autres représentations davantage réglementées par la vérité logique ou par l'ordre social, où l'artificielle scission entre vie privée et vie publique entretient un silence complice sur les désastres amoureux.

COMMENT ELLE DEVINT NON-IL

Le devenir patriarcal de la culture se manifeste donc dans l'évolution des relations entre les sexes. Il se marque aussi dans l'économie profonde de la langue. Le genre grammatical n'est pas immotivé ni arbitraire. Il suffit de faire une étude synchronique et diachronique des langues pour montrer que la répartition en genres grammaticaux a une base sémantique, qu'elle a une signification liée à notre expérience sensible, corporelle, qu'elle varie selon les temps et les lieux. Ainsi une même expérience – s'il est encore permis de parler ainsi, mais la différence sexuelle l'autorise partiellement – peut-elle s'exprimer avec des genres grammaticaux différents suivant que la culture, le moment de l'Histoire, valorise ou non un sexe. La différence sexuelle ne se réduit donc pas à une simple donnée naturelle, extralinguistique. Elle informe la langue et elle en est informée. Elle détermine le système des pronoms, des adjectifs possessifs, mais aussi le genre des mots et leur répartition en classes grammaticales : animé /non animé, concret / abstrait, masculin / féminin, par exemple. Elle se situe à la jonction de la nature et de la culture. Mais les civilisations patriarcales ont à ce point réduit la valeur du féminin que la réalité et la description du monde qui sont les leurs sont inexactes. Ainsi, au lieu de rester un genre différent, le féminin est devenu, dans nos langues, le non-masculin, c'est-à-dire une réalité abstraite inexistante. Si la femme elle-même se trouve souvent confinée dans le domaine sexuel au sens strict, le genre grammatical féminin s'efface, lui, comme expression subjective et le lexique concernant les femmes se compose de termes souvent peu valorisants, sinon injurieux, qui la définissent comme objet par rapport au sujet masculin. Cela rend compte du fait que les femmes ont tant de mal à parler et à être écoutées en tant que femmes. Elles sont exclues et niées par l'ordre linguistique patriarcal. Elles ne peuvent pas être femmes et parler de manière sensée, cohérente.

Cette intenable position vis-à-vis du discours détermine un repli de la plupart des femmes, qui veulent prendre la parole culturellement, dans une position qu'elles imaginent neutre. Elle est impossible dans nos langues. La femme y nie son sexe et son genre. Il est vrai que la culture l'éduque ainsi. Pour se comporter différemment, elle doit accomplir un itinéraire douloureux et complexe, une véritable conversion au genre féminin. Ce parcours apparaît comme la seule issue pour sortir de la perte d'identité subjectivement sexuée. La plupart des femmes se vivent, au niveau de la culture, d'abord comme asexuées ou neutres, à part la soumission aux normes de la scène sexuelle au sens strict et aux stéréotypes familiaux. Les difficultés qu'elles rencontrent pour entrer dans le monde culturel de l'entre-hommes entraînent le fait que presque toutes, y compris celles qui se disent féministes, renoncent à leur subjectivité féminine et aux rapports avec leurs semblables, ce qui les conduit à une impasse individuelle et collective du point de vue de la communication. Cela appauvrit aussi considérablement la culture, réduite à un seul pôle d'identité sexuée.

De telles réflexions, comme celles développées dans l'ensemble de ce volume, n'ont certes pas comme objectif une simple dénonciation ni critique. Elles tentent d'interpréter l'organisation sociale en fonction de son ordre, ou désordre, sexuel. Elles indiquent également des instruments précis d'analyse de cette dimension et montrent, par des exemples pris dans plusieurs secteurs importants des savoirs actuels, que la justice sociale ne peut s'obtenir sans une mutation culturelle dont nous avons à peine idée.

Les injustices sociales ne sont pas dues uniquement à des problèmes économiques au sens strict. Nous n'avons pas besoin seulement de manger, nous vêtir, nous loger. Je pense, d'ailleurs, que c'est une perversité culturelle qui aboutit à ce que certains disposent de beaucoup d'argent et d'autres non. Avoir inventé la monnaie correspond peut-être à un désordre social. En tout cas, notre besoin est d'abord, ou aussi impérativement, celui d'un droit à la dignité humaine pour tout le monde. Cela signifie un droit qui valorise les différences. Tous les sujets ne sont pas mêmes ni égaux et il ne convient pas qu'ils le soient. Cela est particulièrement vrai en ce qui concerne les sexes. Il est donc nécessaire de comprendre et de modifier les instruments socio-culturels réglant les droits subjectifs et objectifs. Une justice sociale, notamment sexuelle, ne peut se réaliser sans changement des lois de la langue et des conceptions des vérités et valeurs organisant l'ordre social. La modification des instruments culturels est aussi nécessaire à moyen ou long terme qu'une répartition des biens strictement matériels. L'une ne va pas sans l'autre.

Mars 1987.

Beaucoup d'entre nous pensent qu'il leur suffit de s'abstenir de pénétrer dans une église, de refuser la pratique des sacrements ou de ne jamais lire les textes sacrés pour être libérés de l'impact de phénomènes religieux sur nos existences. Nos pays, qui vivent – du moins en principe – sous le régime de séparation de l'Église et de l'État, nous permettent d'entretenir cette illusion. Certes, ces mesures de dissociation des pouvoirs sont gages d'une relative tempérance dans l'exercice des passions civiles et religieuses. Elles ne résolvent pas pour autant l'importance de l'influence de la religion dans la culture. Ainsi sommes-nous toutes et tous imprégnés au moins des traditions grecques, latines, orientales, juives et chrétiennes (j'ai mis à dessein un s), notamment par l'art, la pensée, les mythes que nous vivons, échangeons, perpétuons souvent à notre insu. Passer à une autre époque ne peut se faire par la simple négation de ce qui existe. Les interprétations de Marx et de Freud sont insuffisantes parce qu'elles restent liées à une mythologie patriarcale qui s'interroge bien peu comme telle ! Le patriarcat, comme la phallo-cratie qui l'accompagne, sont, pour une part, des mythes qui se prennent pour le seul ordre pos-

27

sible par manque de distanciation. De là vient notre tendance à imaginer que les mythes représentent des réalités secondaires et non une des expressions principales de ce qui organise la société à une époque donnée.

L'Histoire en histoires et images

La méconnaissance de ce qui s'appelle, de manière approximative, Préhistoire peut se comprendre par cette confusion du patriarcat avec la seule Histoire possible. Dans la Préhistoire, les spécialistes rangent des réalités et des temps très divers et ils réduisent souvent ces expressions historiques à la fonction actuelle de mythes (occultés dans l'Histoire) ou à celle de contes et légendes. Le fait de considérer comme accessoire le sens de cette traduction de la réalité accompagne le refoulement et la destruction de certaines dimensions culturelles relatives en particulier à l'économie de la différence des sexes. Elle entraîne également une conception de l'Histoire partielle, réductrice et stérilisante.

Le travail de Johann Jacob Bachofen [1] sur les mythes comme expressions historiques est intéressant comme témoignage des organisations gynécocratiques qui existaient à certaines époques. Ses recherches sont étayées sur diverses cultures à l'origine des nôtres mais qui en sont proches. Les

---

1. *Du règne de la mère au patriarcat*, op. cit.

traditions gynécocratiques – qui ne se réduisent pas au matriarcat mais comprennent les époques du règne des femmes comme femmes – précèdent le patriarcat mais elles ne remontent pas au temps des cavernes, à l'aurignacien ou aux mœurs de certains animaux comme cela se lit ou s'entend dans des milieux supposés très savants. Ainsi les cultures grecques, égyptiennes, romaines, nous en donnent des exemples cités par Bachofen (cf. aussi sa bibliographie et celle de Merlin Stone dans *Quand Dieu était femme* [2]) et par d'autres, notamment Hérodote, Hegel, Eliade, etc., sans parler de l'évolution des mythes et tragédies, en particulier grecs, dont nous avons des traces écrites. Outre les textes, de nombreux vestiges artistiques au sens strict témoignent de cultures aborigènes différentes de notre civilisation présente, cultures dont elle est héritière non sans censures et renversements de valeurs. Ces valeurs resurgissent parfois à travers les normes patriarcales.

FEMMES DIVINES

En mai 1984, après une conférence au Centro Donne de Venise-Mestre intitulée « Femmes divines » [3], je suis allée visiter l'île de Torcello. Au musée, se trouve une statue de femme dans l'attitude de Marie, mère de Jésus, assise et présentant

---

2. Éditions Opuscule, Canada.
3. *Cf. Sexes et parentés*, Éditions de Minuit, 1987.

l'enfant assis sur ses genoux, face à qui les regarde. J'admirais cette belle sculpture de bois quand je remarquai que ce Jésus était une fille! Cela produisit sur moi un effet perceptif et mental important et jubilatoire. Je me sentais libérée d'une tension concernant un impératif culturel de vérité qui s'exerce aussi dans l'art : une femme vierge-mère et son fils y figurent les modèles de notre rédemption auxquels il faut croire. Devant cette statue représentant Marie et sa mère Anne, j'étais remise calmement et joyeusement dans mon corps, mes affects, mon histoire de femme. J'étais face à une figure esthétique et éthique dont j'ai besoin pour vivre sans mépris de mon incarnation, de celle de ma mère et des autres femmes. A l'église Madonna dell'Orto de Venise, j'ai également vu un tableau où Marie adolescente se présente au temple pour son enseignement et, à Bologne, à San Stefano, il existe une petite chapelle dédiée à une Vierge enfant, qui ne suscite pas l'intérêt qu'elle mérite vu le peu de fleurs et de bougies qui lui sont offertes!

Dans *Amante marine*, j'ai expliqué la nécessité de la représentation et de la célébration religieuses de la conception, la naissance, l'enfance, l'adolescence, les noces féminines. Il y en a beaucoup de vestiges en Italie (j'en ai cité quelques-uns appartenant à l'Italie du Nord parce que je les ai vus lors de conférences dans ces villes) à cause des sédimentations orientales du peuple italien dont les mythes n'ont pas toujours pu être réduits par le patriarcat et le juridisme romain. Mais ceux-ci ont contribué à inverser la signification de certaines réalités. Ainsi, il y a, en Italie, de multiples peintures représentant le couronnement de la Vierge par le Christ-Roi. Il est vrai que cet événement ne pourrait avoir lieu qu'après le Jugement dernier. J'entends cela comme après la fin de nos systèmes de jugements et de représentations actuels. Mais, pour le peindre, il faut pouvoir l'imaginer. Cela me semble possible par une sorte de retour d'un refoulé historique qui se manifeste sous une forme inversée. En effet, la royauté a d'abord appartenu aux femmes. Ensuite, elles ont elles-mêmes couronné bien des rois en Orient, à Rome, en France, de façon plus ou moins immédiate. Pendant des époques entières de l'Histoire, les femmes ont été reines (elles le sont encore dans certaines cultures...), comme elles ont été détentrices de la divination. La lecture des *Euménides* d'Eschyle, tragédie appartenant à la trilogie de *l'Orestie*, rappelle comment les femmes ont voulu partager le pouvoir oraculaire avec leurs enfants garçons. Pourquoi y ont-elles tout perdu : divinité, royauté, identité ?

HORIZONS CÉLESTES OU RÊVES IMPÉRIALISTES ?

Si Bachofen apporte des renseignements précieux sur les régimes gynécocratiques, il ne donne pas une interprétation rigoureuse concernant les motifs du passage au patriarcat. Je ne pense pas, comme il l'affirme — ainsi que Hegel, à sa manière –, que le patriarcat soit simplement plus spirituel que les règnes féminins. Bachofen se contredit d'ailleurs sans cesse à ce propos et sans résolution de ses contradictions. Selon lui, les femmes sont plus morales mais le patriarcat est plus spirituel et plus céleste. Mais que signifient un spirituel et un céleste sans éthique? Une culture qui se nourrit de la terre et de la matière utile, pour ensuite s'en écarter sans payer ses dettes? Le patriarcat a peut-être représenté une étape nécessaire dans l'Histoire. Il ne peut pas en désigner l'accomplissement à partir du moment où nous percevons ses limites et sommes capables de les interpréter. Cela nous est devenu ou redevenu possible aujourd'hui. Cette tâche s'impose comme nécessaire par souci de justice sociale mais aussi pour sauver nos réserves naturelles et non les détruire au nom d'un céleste qui est une construction pour surmonter l'ordre chthonien. La terre est une ressource de minéraux, de métaux, de végétaux, d'hydrogène, d'oxygène, etc. dont nous avons besoin. Elle nous fournit de quoi respirer, nous nourrir, habiter. L'anéantir, c'est détruire la vie, nous détruire. L'ordre patriarcal est fondé sur des mondes de l'au-delà : mondes d'avant la naissance et surtout d'après la mort, planètes autres que la Terre à découvrir et à exploiter pour survivre, etc. Il n'estime pas à sa juste valeur l'univers existant et il tire les traites souvent insolvables sur des mondes hypothétiques. Il imagine aussi que tout peut s'acheter. Mais, en abolissant les généalogies féminines et leur respect de la terre et de l'univers matériel, les civilisations patriarcales ont aussi refoulé une partie de la réalité sociale et elles peuvent difficilement aujourd'hui en envisager rationnellement la vérité.

Il est habituel d'entendre dire que la manière dont parlent les hommes est claire et celle dont parlent les femmes est obscure. Le discours des hommes est loin d'être aussi clair que cela se prétend. Pourquoi ? Parce que les peuples d'hommes sont organisés à partir de normes, religieuses et civiles, qui amputent et transforment la réalité. La valeur des choses et des mots y est devenue partiellement réelle, partiellement fiduciaire, partiellement arbitraire. Cela rend les échanges entre hommes fondamentalement hermétiques parce qu'ils fonctionnent à partir de règles et conventions qui exilent chacun(e) de ses perceptions actuelles. Plus les cultures patriarcales établissent leur pouvoir, plus les systèmes de communications et d'échanges sont coupés de la vérification individuelle et deviennent affaires de spécialistes et experts. Cela constitue une des causes de la détresse du monde contemporain. La plupart d'entre nous ne savent plus ce qui est vrai. Ils abandonnent leur droit à l'appréciation personnelle. Ils obéissent à ceux ou celles dont ils croient qu'ils en savent plus : qu'il s'agisse de supposées compétences culturelles ou sociales ou, plus subrepticement, de manipulations de modèles d'identités par la publicité, certains médias, l'art, etc.

Certes, chaque individu ne peut réinventer toute l'Histoire. Mais je pense que tout individu, femme ou homme, peut et doit réinventer son histoire, individuelle et collective. Pour cette tâche, le respect des corps et des perceptions de chacun(e) est indispensable. Chacun(e) doit pouvoir rester conscient(e) de ses obligations, juge de ses décisions. Personne ne devrait croire. Ce phénomène psychique et sociologique est générateur de pouvoirs artificiels dangereux. La croyance est destructrice de l'identité et de la responsabilité contrairement à l'attention et à la fidélité à l'expérience. Elle représente souvent un coup de force suppléant à des lacunes ou des oublis historiques, qu'ils s'exercent dans l'économie des discours ou dans les systèmes d'images qui les accompagnent.

Avril 1987.

DISCOURS DE FEMMES
ET DISCOURS D'HOMMES

Comment analyser les marques sexuées dans le discours ? Pour réaliser une telle enquête, j'ai d'abord recueilli des corpus en français. J'ai enregistré des femmes et des hommes en situation quotidienne et thérapeutique. J'ai également — avec l'aide de quelques collaboratrices/teurs — fait passer à des groupes de femmes et d'hommes des petites épreuves linguistiques du type : « Faites une phrase simple avec un mot inducteur donné : célibat, mariage, sexualité, enfant, etc. », ou « Faites une phrase simple avec plusieurs mots donnés : ennui – lui – dire ; robe – se – voir ; maison–mère ; maison–table ; etc. », ou encore « Donnez le contraire, le synonyme ou la définition de mots indiqués appartenant à des catégories grammaticales diverses et présentant des degrés d'ambiguïté divers ».

J'ai commencé à dépouiller et interpréter les réponses obtenues. Je peux déjà affirmer que des caractères semblables se retrouvent dans tous les énoncés des femmes, d'une part, des hommes, de l'autre. En ce sens, il est juste de dire que leurs discours sont sexués. Les marques d'appartenance à un sexe sont apparues plus fortes que les situations contextuelles variables, plus fortes que les changements d'interlocutrices/teurs comme éléments du contexte dans les situations d'expérimentation.

Comment les interpréter? Il faut procéder lentement dans l'élaboration des conclusions de ce genre de travail à cause de l'importance de son enjeu et des passions, conscientes ou inconscientes, qu'il soulève. Je proposerai donc quelques questions que cette recherche en cours, notamment au niveau international [1], m'a permis de formuler ou reformuler en les étayant expérimentalement.

EFFETS DE SOCIÉTÉ OU DE LANGUE?

Les différences entre les énoncés des hommes et des femmes sont-elles effets de société ou de langue? Je pense qu'il faut refuser cette dissociation. La langue est produite par des sédimentations de langages d'époques antérieures. Elle traduit leurs modes de communications sociales. Elle n'est ni universelle, ni neutre, ni intangible. Il n'y a pas de schémas linguistiques existant depuis toujours dans le cerveau de tout sujet parlant mais chaque époque a ses nécessités, crée ses idéaux et les impose comme tels. Certains sont historiquement plus résistants que d'autres.

---

1. Cf. *Sexes et genres à travers les langues*, ensemble de recherches sur le français, l'anglais et l'italien composé par Luce Irigaray, Éditions Grasset, 1990.

Les idéaux sexuels en sont un bon exemple. Ces idéaux ont peu à peu imposé leurs normes à notre langue. Ainsi, en français :

a) Le genre masculin domine toujours syntaxiquement : *ils sont mariés, ils s'aiment, ils sont beaux*, etc. Cette marque grammaticale, qui efface le genre féminin, a un impact sur la manière dont est éprouvée la subjectivité et dont elle se traduit en et dans le discours.

b) Le neutre ou l'impersonnel se traduisent par le même pronom ou la même forme que le masculin : *il tonne, il neige, il faut*, et non *elle tonne, elle neige, elle faut*. Si le neutre a, dans l'histoire de cette langue, qualifié certains objets (en grec, en latin, par exemple), les phénomènes naturels et la nécessité étaient désignés par des responsables sexués. De même, le *il faut* ou *il est nécessaire* des philosophes grecs, ou issus des Grecs, cachent une nécessité sexuelle associée à un destin à la fois humain et divin. L'origine de la nécessité n'est pas neutre. Elle évolue ultérieurement en devoir, notamment par soumission à l'ordre juridique romain. Mais les lois sont alors édictées par les seuls hommes. Le *il faut* signifie un devoir ou un ordre établis par un seul sujet sexué. Il n'est qu'apparemment neutre et, encore une fois, en français du moins, il se dit avec le même genre que le masculin.

L'homme semble avoir voulu, directement ou indirectement, donner son genre à l'univers comme il a voulu donner son nom à ses enfants, sa femme, ses biens. Cela pèse très lourd sur les rapports des sexes [2] au monde, aux choses, aux objets. En effet, ce qui est supposé avoir de la valeur appartient aux hommes et est marqué de leur genre. A part les biens au sens strict que l'homme s'attribue, il donne son genre à Dieu, au soleil, mais aussi, sous le masque du neutre, aux lois du cosmos et de l'ordre social ou individuel. Il ne se pose même pas la question de la généalogie de cette attribution.

En français (ainsi qu'en langues romanes), le féminin reste une marque secondaire syntaxiquement, même pas une norme, et les noms marqués du genre féminin ne sont pas ceux qui sont considérés comme désignant le plus de valeur ! Chez nous, la lune est du genre féminin, les étoiles aussi, mais elles ne sont généralement pas considérées comme sources de vie. Quant à la terre, elle est découpée en parcelles que se répartissent les hommes, ce qui détruit ou masque l'unité du genre féminin.

Comment pourrait-il se faire que le discours ne soit pas sexué puisque la langue l'est ? Elle l'est dans certaines de ses règles fondamentales, elle l'est par le genre des mots répartis de manière non étrangère aux connotations ou propriétés sexuelles, elle l'est aussi dans son stock lexical. Les différences entre les discours des hommes et des femmes sont donc effets de langue et de société, de société et de langue. L'une ne peut pas être changée sans l'autre. Mais, s'il n'est pas pos-

---

2. J'emploie souvent *sexe* au lieu de *genre* pour éviter les connotations traditionnelles déjà liées au mot genre, et faire référence au sujet de l'énonciation plutôt qu'à celui de l'énoncé.

sible de séparer radicalement l'une et l'autre, il est possible stratégiquement de mettre l'accent de mutation culturelle tantôt sur l'une tantôt sur l'autre et surtout de ne pas attendre, passivement, que la langue évolue. L'enjeu du discours et celui de la langue peuvent être utilisés délibérément pour obtenir plus de maturité culturelle, plus de justice sociale. C'est la non-considération de l'importance de cette dimension dans la culture qui donne tant de pouvoir à l'empire de la technique comme neutre, aux régressions sectaires, aux désintégrations sociales et culturelles auxquelles nous assistons, aux divers impérialismes monocratiques, etc.

Libération sexuelle implique mutations linguistiques

Il convient de préciser aussi qu'une libération sexuelle ne peut se réaliser sans changement des lois de la langue relatives aux genres. La libération subjective nécessite un emploi de la langue non soumis à des règles qui assujettissent ou annulent (si tant est que ce soit possible sauf magiquement) la différence sexuelle. Les points à interroger et à modifier peuvent varier d'une langue à l'autre. Il ne faut pas l'oublier. Mais je ne connais pas de langue actuelle qui ait pensé son statut comme outil de partage et d'échange entre deux parties du monde de sexes différents. Les décisions individuelles, les bonnes volontés collectives, ne peuvent qu'échouer dans leurs projets de libération ou de justice sociales si elles ne considèrent pas théoriquement et pratiquement l'impact des marques et des règles sexuées de la langue, en vue de modifier cet instrument culturel.

Les énoncés analysés manifestent une différence importante entre femmes et hommes du point de vue de l'interrelation sexuelle. Les femmes sexualisent leurs discours. Comme elles donnent souvent leurs qualités concrètes aux choses, aux lieux, elles s'adressent à des interlocuteurs sexués. Les hommes ne le font pas mais ils restent entre *ils* ou *je-il(s)*, ce qui correspond à un choix sexuel non conscient.

Faut-il que les femmes renoncent à sexuer leur partenaire d'énonciation? Ce n'est pas souhaitable. Le sexe est une dimension culturelle importante, mais il faut rééquilibrer les rapports entre les sexes dans la langue, la société, la culture. Sans renoncer à mettre en mots la différence sexuelle, il est souhaitable que les femmes soient davantage capables de se situer comme *je, je-elle(s)*, de se représenter comme sujets, et de parler avec d'autres femmes. Cela exige une évolution subjective et une mutation des règles de la langue. Jusqu'à présent, il est nécessaire que les femmes restent exclusivement *entre elles* pour qu'un pluriel soit féminin : elles s'aiment, elles sont belles, etc., mais aussi pour qu'un rapport au monde subjectivement féminin soit possible. Cette nécessité linguistique conditionne certaines formes des mouvements de libération. Le monde des humains ne peut cependant pas se scinder entre hommes et femmes sans lieux de rencontres. Sinon muets ? Mais le silence lui-même est apparenté au discours qui se parle. Les stratégies de non-mixité sont indispensables pour des questions explicites de contenu du discours mais surtout en fonction des formes et des lois de la langue. Elles doivent s'appliquer à changer celles-ci pour être opérantes au niveau des systèmes d'échange, y compris entre femmes.

L'analyse des divers corpus a fait apparaître que le *tu* du discours des femmes désigne une femme dans le transfert psychanalytique, dont le support était une femme il est vrai. Dans les énoncés expérimentaux, le partenaire d'énonciation se désigne par *il(s)*, même quand les expérimentatrices sont des femmes. Comment entendre le changement de support du *tu* ? Comme un effacement culturel ? Comme l'imposition d'une pseudo-neutralité qui réintroduit significativement un *il* masculin à la place d'un *tu* féminin ? Cette substitution de genre a lieu pour les deux sexes. Du point de vue de l'histoire des sujets, cela aboutit à l'effacement de la relation au premier *tu* maternel. Il en résulte un manque de passage *tu-elle-je* pour les femmes, une perte d'identité sexuelle dans le rapport à soi et à son genre, notamment généalogique. Pour les hommes, le *tu*, originellement maternel-féminin, se perd au bénéfice du *il*. C'est la transition entre *tu-elle-tu* qui manque dans le langage. Cela correspond à l'économie syntaxique des discours analysés et aux conclusions sur notre ordre linguistique où

41

s'effacent le *tu* maternel et le *je* féminin. Cet ordre n'est pas arbitraire mais motivé par des lois qui ont échappé aux linguistes.

DEUX MONDES DIFFÉRENTS

Le monde se désigne le plus souvent, dans le *discours des hommes*, comme inanimés abstraits intégrés à l'univers du sujet. La réalité y apparaît comme réalité déjà culturelle, liée à l'histoire collective et individuelle du sujet masculin. Il y est toujours question d'une nature seconde, coupée de ses racines corporelles, de son environnement cosmique, de son rapport à la vie. Celui-ci ne se dit que dans la dénégation, et reste dans un perpétuel passage à l'acte inculte. Les modalités en changent, l'immédiateté aveugle de l'acte reste. Les relations du sujet masculin à son corps, à qui le lui a donné, à la nature, au corps des autres, y compris celui de ses partenaires sexuels, restent à cultiver. En attendant, les réalités dont parle le discours sont artificielles, tellement médiatisées par un sujet et une culture qu'elles ne sont pas réellement partageables. C'est pourtant l'enjeu de la langue. De plus, ces réalités sont si éloignées de la vie qu'elles deviennent mortifères, comme l'a diagnostiqué Freud en parlant du privilège culturel des pulsions de mort.

Le *discours des femmes* désigne les hommes comme sujets – sauf dans le transfert psychanalytique – et le monde comme inanimés concrets appartenant à l'univers de l'autre. Les femmes gardent donc un rapport à l'environnement réel mais elles ne le subjectivent pas comme leur. Elles restent le lieu d'expérience de la réalité concrète mais elles laissent à l'autre le soin de l'organiser. Il est vrai que la langue ne leur donne pas les moyens de faire autrement, du moins depuis des siècles. En effet, les connotations de leur discours s'expriment de façon privilégiée dans les adjectifs, par exemple, et non dans le prédicat actuellement produit. Linguistiquement, cela peut signifier que leur langage présent correspond à la transformation d'un discours antérieurement tenu par elles (et/ou qu'elles résistent de cette façon aux caractères plus tardifs du discours masculin). Dans ce sens peuvent s'interpréter d'autres indices : les élisions de *je* et *elle*, toutes les stratégies d'effacements du féminin comme sujet du discours, l'enjeu de la transformation négative, etc. Ce sera, pour moi, l'objet de futures recherches sur le sexe et le genre du sujet dans le discours et la langue.

Le monde évolue. De nos jours, son évolution semble périlleuse pour la vie et la création de valeurs. Celles qui subsistent sont souvent soumises au règne de l'argent. Les moyens de communication mis en place par des sociétés à responsabilité exclusivement masculine risquent d'empêcher l'émergence ou de détruire l'existence d'autres moyens de communication davantage liés à la vie, à ses propriétés concrètes. La dimension sexuée en est une des plus indispensables, non seulement pour la reproduction mais pour la culture et la conservation de la vie. La question est donc de savoir si nos civilisations sont encore prêtes à considérer le sexe comme une pathologie, une tare, un résidu d'animalité ou si elles sont enfin assez adultes pour lui donner son statut culturel humain. Cette mutation passe par l'évolution de la dimension sexuée de la langue et de tous les moyens d'échange.

Juin 1987.

Il semble que nous soyons généralement soumis à deux modèles de comportements : le modèle darwinien et le modèle pavlovien. 1) En ce qui concerne la *vie*, nous serions toujours en lutte avec le milieu extérieur, d'une part, les autres vivants, de l'autre. Nous ne serions capables de subsister qu'en étant plus forts que ces deux adversaires. 2) Au niveau de la *culture*, nous serions éduqués (consciemment ou non) par l'apprentissage à la répétition, l'adaptation aux schémas d'une société, l'éducation à faire *comme*, à être *comme*, sans découvertes ni innovations décisives.

Pouvons-nous émerger de ces deux grandes stratégies et de leurs variantes ? Pouvons-nous nous libérer du combat compétitif au niveau de la vie ? de la répétition quasi fatale au niveau de la culture ? de l'intrication des deux dans l'organisation ou la désorganisation sociales ? Les questions encore en suspens en ce qui concerne l'identité sexuelle, en particulier féminine, nous en donnent-elles les moyens ? Ma réponse est oui. Mon interprétation est aussi que, si cela apparaît aussi peu clairement, l'importance du darwinisme et celle du pavlovisme n'y sont pas étrangères. Nous luttons contre toutes formes d'autres pour vivre et nous restons soumis à des règles sociales conditionnées que nous confondons avec la liberté : donc un seul sexe ou genre et pas deux, la culture (patriarcale) que nous connaissons et pas une autre. Or l'économie de la différence sexuelle me semble, avec celle des lois de l'univers, le lieu où ces grands modèles trouvent une limite.

La relation placentaire représente une de ces ouvertures par rapport au déterminisme, à l'enfermement vital ou culturel, ouverture venant de l'identité corporelle féminine. Hélène Rouch, enseignante en biologie au lycée Colbert à Paris, a travaillé sur la singularité des rapports entre la mère et l'enfant in utero. Ces relations, qui nous sont souvent présentées par l'imagination patriarcale, par la psychanalyse par exemple, comme fusionnelles sont, en fait, étrangement ordonnées et respectueuses de la vie de chacun(e).

Ni à l'un ni à l'autre

Luce IRIGARAY. — *Hélène, pouvez-vous expliquer le rôle de médiateur joué par le placenta dans la vie intra-utérine ?*

Hélène ROUCH. — Je rappellerai d'abord ce qu'est le placenta : c'est un tissu, formé par l'embryon, qui, tout en s'imbriquant étroitement dans la muqueuse utérine, en reste séparé.

Il faut en effet le rappeler, parce que c'est une opinion couramment répandue que de croire qu'il est une formation mixte, mi-maternelle, mi-fœtale. Mais le placenta, bien que formation de l'embryon, se comporte comme un organe quasiment indépendant de ce dernier. Il joue un rôle de médiateur à un double niveau. D'une part, il est espace médian entre mère et fœtus, ce qui veut dire qu'il n'y a jamais fusion entre tissus maternels et tissus embryonnaires. D'autre part, il constitue un système régulateur des échanges entre les deux organismes, qui ne se contente pas de régler quantitativement les échanges (substances nutritives de la mère vers le fœtus, déchets dans le sens inverse) mais qui modifie le métabolisme maternel, qui transforme, stocke, redistribue les matériaux maternels à la fois pour son propre compte et pour celui du fœtus. Il établit donc une relation entre la mère et le fœtus, qui permet la croissance de ce dernier sans épuiser pour autant la mère, et sans être un simple dérivateur de substances nutritives.

Sur le plan hormonal, son rôle est également très intéressant. Il prend, dans un premier temps, la relève de l'hypophyse maternelle pour entretenir les sécrétions de l'ovaire nécessaires à la gestation, puis, dans un deuxième temps, la relève de l'ovaire lui-même en fabriquant des stéroïdes qui vont à la fois vers la mère et le fœtus. De plus, il semble qu'il ait un système d'auto-contrôle lui permettant de régler ses propres sécrétions hormonales. On a donc ici un organe qui, bien qu'anatomiquement dépendant de l'embryon, sécrète les hormones maternelles indispensables à la gestation quand l'organisme maternel se trouve bloqué dans son fonctionnement ovarien habituel à cause de l'état de grossesse.

Cette relative autonomie du placenta, ses fonctions de régulateur assurant la croissance de l'un dans le corps de l'autre, ne peuvent se réduire à des mécanismes soit de fusion (mélange ineffable des corps ou des sangs maternel et fœtal), soit, au contraire, d'agression (le fœtus comme corps étranger qui dévore de l'intérieur, qui vampirise le corps maternel). Ces représentations n'ont d'autre réalité qu'imaginaire et paraissent bien pauvres – et évidemment très déterminées culturellement – au regard de la complexité de la réalité biologique.

UNE COEXISTENCE PACIFIQUE

L.I. – Pouvez-vous expliquer les différences entre les problèmes de greffes, d'immunité et l'originalité de l'économie placentaire concernant les phénomènes de rejet de l'autre?

H.R. – On pourrait dire que la grossesse constitue une greffe réussie. En effet, ce qu'on a tant de mal à réaliser, la greffe d'un organe d'un individu sur un autre individu, se fait ici naturellement. Avec une greffe, le problème est que l'organisme receveur reconnaît l'organe greffé comme étranger et déclenche alors des mécanismes de défense visant à rejeter ce corps étranger. La reconnaissance se fait par un système de marqueurs, ou antigènes, spécifiques à chaque individu et appelés, pour cette raison, marqueurs du soi. Dans les greffes d'organe, on résout ce problème soit en choisissant un donneur génétiquement le plus proche possible du receveur (la greffe idéale se fait entre jumeaux vrais), soit en diminuant, au moyen d'immunodépresseurs, les réactions de rejet du receveur, ce qui a évidemment pour conséquence de le rendre très vulnérable aux infections.

L'embryon est à moitié étranger à l'organisme maternel. En effet, la moitié de ses antigènes sont d'origine paternelle. A cause de ces derniers, la mère devrait déclencher un mécanisme de rejet contre cet autre que soi. Le placenta, qui est aussi cet autre, va empêcher ce mécanisme. Il va, d'une manière très complexe, bloquer ou tout au moins fortement diminuer les réactions de rejet maternel, mais ceci localement, au niveau de l'utérus, de telle façon que la mère garde par ailleurs ses capacités défensives vis-à-vis des infections possibles.

L.I. — Pouvez-vous donner un mot d'explication sur le paradoxe immunitaire à propos de la question du même et de l'autre en ce qui concerne l'acceptabilité ou le rejet de l'embryon comme corps étranger?

H.R. — Plus que d'un paradoxe, il s'agit d'une sorte de négociation entre le soi de la mère et l'autre qu'est l'embryon. En effet, les méca-

49

nismes placentaires destinés à bloquer les réactions immunitaires maternelles ne se mettent en place que s'il y a eu reconnaissance, par l'organisme maternel, des antigènes étrangers. Le placenta n'est donc pas un système d'emblée protecteur, qui supprimerait toute réaction de la mère en l'empêchant de reconnaître l'embryon-fœtus comme autre. Au contraire, il faut qu'il y ait reconnaissance par la mère de l'autre, du non-soi, et donc une première réaction de sa part pour que les facteurs placentaires soient fabriqués. La différence entre le « soi » et l'autre est pour ainsi dire indéfiniment négociée. Tout se passe comme si la mère savait toujours que l'embryon (et donc le placenta) est autre, qu'elle le faisait savoir au placenta qui produit alors les facteurs permettant à l'organisme maternel de l'accepter comme autre. Ces mécanismes de tolérance s'écartent à la fois du cas des greffes — où le greffon, reconnu comme autre, active immédiatement et sans recours le rejet immunitaire du receveur — et de celui de certaines tumeurs cancéreuses qui, non reconnues comme autres, prolifèrent dans un organisme sans défense.

L'AMNÉSIE CULTURELLE

L.I. — L'économie placentaire est donc une économie ordonnée, non fusionnelle, respectueuse de l'un et l'autre. Hélas ! nos cultures scindées de l'ordre naturel — le retour qui y est fait par les

méthodes scientifiques en accentuant l'éloigne-
ment le plus souvent — oublient ou méconnaissent
le caractère quasiment éthique de la relation
fœtale. Dans l'article que vous avez écrit pour le
numéro de Langages *sur* Le sexe linguistique [1]*,*
vous donnez quelques indications sur les consé-
quences de l'ignorance de l'économie placentaire
sur l'imaginaire culturel masculin, en particulier
à propos du rapport à la langue dite maternelle.
Est-il possible de résumer ce passage de votre
travail?

H.R. — Je ferai d'abord un détour par la psychanalyse. Celle-ci justifie la fusion imaginaire
entre l'enfant et la mère par la prématuration
de l'enfant à la naissance et par le besoin
absolu dans lequel il est de l'autre, sa mère.
C'est cette fusion, présentée implicitement
comme le prolongement de la fusion organique
de la grossesse, qu'il faudrait absolument
rompre pour que l'enfant se constitue comme
sujet. La rupture de cette fusion par un tiers —
qu'on l'appelle père, loi, Nom-du-Père ou autrement — permettrait l'entrée dans le symbolique
et l'accès au langage. Ce tiers éviterait que la
fusion ne débouche sur le chaos de la psychose
et ferait que tout entre dans l'ordre. Mais fait-il
autre chose que réitérer et marquer, à un autre
niveau, une séparation déjà existante durant la
grossesse grâce au placenta et, au moment de la
naissance, par la sortie de la cavité utérine? Il
me semble que la séparation entre le soi de la

---

1. *Op. cit.*, « Le placenta comme tiers ».

mère et l'autre de l'enfant, et réciproquement, existe bien avant qu'elle ne prenne sens par et dans le langage, et qu'elle existe selon des modalités qui ne sont pas forcément celles que véhicule notre imaginaire culturel : perte du paradis, expulsion ou exclusion traumatisante, etc. Je ne reproche pas à ces modalités de l'imaginaire d'être fausses, mais d'être les seules façons de penser l'avant du langage. Cela amène à s'interroger sur cette singulière cécité quant aux processus de la grossesse, et notamment quant au rôle particulier du placenta, pourtant maintenant bien connu.

Dans mon travail j'ai pris comme exemple de cette cécité le livre de Michel Serres, *Le parasite*, qui me paraît être paradigmatique des rapports masculins avec la langue maternelle. Dans ce livre, d'un côté Serres vitupère contre l'homme, parasite de la flore et de la faune, prenant tout et ne donnant rien ; d'un autre côté, il vante les délices de ses rapports avec la langue maternelle qui lui donne tout et qu'il retrouve pourtant, après avoir festoyé sans fin avec elle (et quelques amis) « intacte et virginale ». Donc l'homme ne donne jamais rien, mais tout de même parle, consomme une langue inépuisable et sans cesse renouvelée par miracle. Ainsi est miracle, pour Serres, l'incarnation du corps du Christ, seul humain à se donner « à manger » dans l'hostie. Mais qui donne à manger de son corps sinon une femme enceinte ? Seulement on ne la retrouve, au terme de la grossesse, ni « virginale » ni « intacte ». Cela

Serres le sait puisqu'il traite le fœtus de parasite. Mais, au lieu de reconnaître cette dette de tout humain, il préfère oublier et parler : parler de et avec une langue qui a les dons de générosité, d'abondance, de plénitude du corps maternel, mais à qui on ne doit rien. La matérialité du rapport à ce corps maternel ayant disparu, la langue resterait « matrice » inépuisable dans l'usage qui en est fait.

UN OUBLI RENTABLE

L.I. — Quelle est votre position vis-à-vis de l'exploitation marchande du placenta ?

H.R. — Les médecins disent que les placentas sont jetés à la poubelle. Mais, de notoriété publique, ils font l'objet d'un commerce, licite ou illicite, avec les instituts et les laboratoires de recherche publics et privés car ils constituent un matériel de choix pour la recherche scientifique et médicale et pour l'industrie cosmétologique. Les deux domaines ne sont pas séparés, même si la nature de leurs bénéfices n'est pas la même. Il n'y a rien de scandaleux à ce qu'on veuille étudier les propriétés et utiliser les vertus thérapeutiques du placenta. Ce qui l'est davantage, en revanche, ce sont les bénéfices énormes que tire l'industrie cosmétologique de leur utilisation.

Le placenta est organe de l'enfant qui s'est développé grâce au corps de la mère. Si elle n'en est pas pour autant propriétaire, on pourrait lui demander à qui et pour quoi elle décide d'en faire don. Cela marquerait, symboliquement au moins, le don qu'elle a fait à l'enfant et la dette, inévaluable dans notre système patriarcal marchand, de celui-ci à son égard.

Juillet 1987.

Le corps féminin présente cette particularité de tolérer la croissance de l'autre en soi sans maladie, rejet, ni mort d'un des organismes vivants. Hélas ! la culture a quasiment inversé le sens de cette économie du respect de l'autre. Aveuglément, elle a vénéré jusqu'au fétichisme religieux le rapport mère-fils mais elle n'a pas interprété le modèle de tolérance de l'autre en soi et avec soi que manifeste cette relation. Le corps des femmes, en effet, laisse des chances égales de vie aux fils et aux filles conçus en lui par la rencontre de chromosomes masculins et féminins.

La culture de l'entre-hommes agit inversement. Elle s'organise en excluant de sa société l'apport venant de l'autre sexe. Là où le corps féminin engendre dans le respect de la différence, le corps social patriarcal se bâtit hiérarchiquement en excluant la différence. L'autre-femme doit rester un substrat naturel dans cette construction sociale, substrat dont l'apport reste obscur dans sa signification relationnelle. Évidemment le culte du rapport mère-fils exhibe la tolérance féminine. Mais, jusqu'à présent, les filles sont aussi engendrées par la semence masculine. Elles ne sont pas produites parthénogénétiquement par leur mère, même si le résultat de la rencontre chromosomique a pour effet la naissance d'un enfant qui leur ressemble.

Nos civilisations présentent donc deux manques, deux refoulements, deux injustices ou anomalies : 1) les femmes qui ont donné vie et croissance à l'autre en elles sont exclues de l'ordre du même-qu'eux mis en place par les seuls hommes; 2) l'enfant fille, bien que conçue par homme et femme, n'est pas admise dans la société comme enfant du père au même titre que le fils. Elle demeure hors culture, gardée comme corps naturel valable pour la procréation.

Les difficultés des femmes à faire reconnaître leurs droits sociaux et politiques sont fondées sur cette relation insuffisamment pensée entre biologie et culture. Refuser aujourd'hui toute explication de type biologique – parce que la biologie a paradoxalement servi à l'exploitation des femmes –, c'est se refuser la clé de l'interprétation de cette exploitation. Cela revient aussi à demeurer dans la naïveté culturelle remontant à l'établissement du règne des dieux-hommes : seul ce qui se manifeste comme formes d'homme est enfant divin du père, seul ce qui montre une ressemblance immédiate avec le père est légitimable comme fils ayant de la valeur. Les difformes ou les atypiques sont à cacher honteusement. Les femmes, elles, doivent demeurer dans la nuit, les voiles, la maison; elles sont déchues de leur identité en tant que non-manifestation des formes correspondant aux chromosomes sexués masculins.

Pour obtenir un statut subjectif équivalent à celui des hommes, les femmes doivent donc faire reconnaître leur différence. Elles doivent s'affirmer comme sujets valables, filles de mère et de père, respectueuses de l'autre en elles et exigeant de la société le même respect.

Mais tout le cadre de leur identité est à construire ou reconstruire. Je voudrais indiquer quelques exemples simples d'aménagement possible de relations d'identité entre mères et filles, lieu le plus inculte de nos sociétés. En effet, il est deux fois exclu des cultures patriarcales parce que la femme en est rejetée comme sujet femme et la fille inégalement reconnue comme sujet fille. Les valeurs qui dominent nos civilisations sont celles qui manifestent visiblement leur appartenance au genre masculin.

Comment sortir de cet engrenage infernalement rigoureux de l'ordre patriarcal phallocratique ? Comment donner une possibilité d'esprit ou d'âme aux filles ? Cela peut se réaliser par l'existence de relations subjectives entre mères et filles. Voici donc quelques suggestions pratiques pour cultiver les rapports mères-filles.

1. Réapprendre le respect de la vie et de la nourriture. Cela signifie retrouver le respect de la mère et de la nature. Nous oublions souvent que les dettes ne se paient pas seulement en argent et que toute nourriture ne s'achète pas. Ce point concerne évidemment aussi les enfants garçons mais il est indispensable à la redécouverte d'une identité féminine.

2. Dans toute maison et tout lieu public, il convient de disposer de belles images (non publicitaires) du couple mère-fille. Il est très pathogène pour les filles d'être toujours face aux représentations mère-fils, notamment dans la dimension religieuse. A toutes les femmes de tradition chrétienne, je propose, par exemple, de mettre dans les salles communes de leur logement, les chambres des filles et d'elles-mêmes une image figurant Marie et sa mère Anne. Il en existe des sculptures ou peintures faciles à reproduire. Je leur conseille aussi d'exposer des photos où elles figurent avec leur(s) filles(s), éventuellement leur mère. Elles peuvent également faire des photos du triangle : mère, père, fille. Ces représentations ont pour but de donner aux filles une figuration valable de leur généalogie, condition indispensable pour la constitution de leur identité.

3. Je propose aux mères de susciter des occasions d'employer avec leur(s) fille(s) le pluriel féminin. Elles pourraient aussi inventer des mots et des phrases pour désigner des réalités qu'elles éprouvent et partagent mais pour lesquelles elles manquent de langage.

4. Il est nécessaire également que mères et filles découvrent ou fabriquent des objets échangeables entre elles pour se définir comme je ⇆ tu féminins. Je dis « échangeables » car les objets partageables, fractionnables, consommables ensemble peuvent entretenir la fusion. Habituellement les femmes n'échangent que des propos concernant les enfants, la nourriture, éventuellement leurs toilettes et leurs aventures

sexuelles. Il ne s'agit pas là d'objets échangeables. Et, pour bien parler des autres et de soi, il est utile de pouvoir communiquer à propos de réalités du monde, de pouvoir s'échanger quelque chose.

5. Il serait utile que les mères apprennent très tôt aux filles le respect de la différence non hiérarchique des sexes : *il*, c'est *il*; *elle*, c'est *elle*. *Il* et *elle* ne se réduisent pas à des fonctions complémentaires mais correspondent à des identités différentes. Femmes et hommes, mères et pères, filles et garçons ont des formes et qualités différentes. Ils ne peuvent être identifiés seulement par des actions ni des rôles.

6. Pour établir ou entretenir des relations avec soi-même et avec l'autre, il est indispensable de disposer d'espace. Souvent les femmes sont réduites aux espaces intérieurs de leur matrice ou de leur sexe en tant qu'ils sont utiles à la procréation et au désir des hommes. Il est important qu'elles disposent d'un espace extérieur propre qui leur permette d'aller du dedans au dehors d'elles-mêmes, de s'éprouver comme sujets autonomes et libres. Comment donner des chances à la création de cet espace entre mères et filles? Voici quelques propositions :

a) Substituer aussi souvent que possible les grandeurs humaines aux grandeurs artificielles.

b) Éviter de s'exiler des espaces naturels, cosmiques.

c) Jouer avec les phénomènes en miroir et les phénomènes de symétrie et d'asymétrie (notamment droite-gauche) pour réduire les projections ou les engloutissements dans l'autre, les phénomènes d'indifférenciation avec l'autre : qu'il s'agisse de la mère, du père, du futur partenaire amoureux, etc.

d) Apprendre à ne pas toujours aller dans le même sens, ce qui ne veut pas dire se disperser mais savoir circuler du dehors au dedans et du dedans au dehors de soi.

e) Interposer entre mère et fille de petits objets fabriqués manuellement pour réparer les pertes d'identité spatiale, les effractions dans le territoire personnel.

f) Ne pas s'en tenir à la description, la reproduction, la répétition de ce qui existe, mais savoir inventer ou imaginer ce qui n'a pas encore eu lieu.

g) Dans les échanges verbaux, créer des phrases où je-femme parle à tu-femme, notamment de soi ou d'une troisième femme. Ce type de langage, quasiment inexistant, restreint beaucoup l'espace de liberté subjective des femmes. Il est possible de commencer à le créer avec la langue habituelle. Mères et filles peuvent le faire sous forme de jeux affectifs et éducatifs. Concrètement, cela veut dire que la mère-femme s'adresse à la fille-femme, qu'elle utilise les formes grammaticales du féminin, qu'elle parle de choses qui les concernent, qu'elle parle d'elle-même et invite sa fille à le faire, qu'elle évoque sa généalogie, notamment la relation avec sa mère, qu'elle fait connaître à sa fille les femmes publiques actuelles et celles de l'Histoire ou de la mythologie, qu'elle demande à sa fille de lui parler de ses amies, etc. Quand les filles commencent à aller à l'école, le discours qui leur est appris est un discours du *il(s)* ou de l'entre-*il(s)*. Et les écoles mixtes, si elles ont des avantages, sont de ce point de vue peu favorables au développement de l'identité des filles tant que les codes linguistiques : grammatical, sémantique, lexicologique, n'évoluent pas.

Seule la mère actuellement peut se préoccuper de donner à sa fille, à ses filles, une identité de fille. Les filles que nous sommes, plus conscientes des questions concernant les nécessités de notre libération, peuvent également éduquer leur mère et s'éduquer entre elles. Cela me semble indispensable pour les mutations sociales et culturelles dont nous avons besoin.

Septembre 1987.

Alice JARDINE. – *Écrire à la fin du xxe siècle, qu'est-ce que cela veut dire pour vous ?*[1]

Luce IRIGARAY. – Cela signifie plusieurs choses dont j'énumère celles auxquelles je pense aujourd'hui :

a) Je vis à la fin du xxe siècle et je suis en âge d'écrire.

b) Je gagne ma vie en écrivant. Je suis une femme qui n'est pas entretenue par un ou des hommes mais qui subvient à ses nécessités matérielles. Je fais de la recherche scientifique et mon métier est de travailler sur certaines questions et de transmettre les résultats de mon travail.

c) Un des moyens de communication de la pensée, en cette fin du xxe siècle, est l'écriture alphabétique. Donc je l'utilise pour communiquer même si je pense que ce moyen représente une limite dans ce que j'ai à dire, notamment en tant que femme.

d) Écrire permet de transmettre ma pensée à de nombreuses personnes que je ne connais pas, qui

---

1. Les questions ont été formulées par Alice Jardine et Anne Menke (Université Harvard, États-Unis). Elles font partie d'une enquête sur l'écriture des femmes.

ne parlent pas la même langue que moi, qui ne vivent pas à la même époque que moi. A ce titre, écrire c'est constituer un corpus et un code de sens mémorisable, diffusable, susceptible d'entrer dans l'Histoire. Du point de vue contenu(s) et forme(s) de mon discours, le recours à l'écriture, en cette fin du XXe siècle, signifie essayer de mettre en place une nouvelle époque de la culture : celle de la différence sexuelle. Ce travail me semble nécessaire en ce moment de l'Histoire en fonction du passé, du présent et de l'avenir.

e) J'ai été partiellement privée de m'exprimer oralement au moment de la sortie de mon livre *Speculum*. J'avais un poste de chargée de cours à l'université et il m'a été retiré. Heureusement ne m'a pas été enlevée ma charge de chercheuse au Centre national de la recherche scientifique. Heureusement aussi j'écris et les Éditions de Minuit ont continué à publier mon travail. Écrire peut donc représenter un moyen de s'exprimer et de communiquer dans certaines circonstances qui vous privent du droit à la parole.

f) La privation du droit à la parole peut avoir plusieurs sens et prendre plusieurs formes. Cela peut s'exprimer comme un interdit conscient d'exclure quelqu'un(e) des institutions, de la ou le mettre au ban de la cité. Ce geste peut vouloir dire, même partiellement : je ne comprends pas ce que vous faites donc je le rejette, nous le rejetons. Dans ce cas, écrire permet de mettre sa pensée en attente, à la disposition de celles et ceux qui aujourd'hui ou demain pourront l'entendre. Cette nécessité se comprend plus pour certains secteurs du sens. Le discours cherchant à mettre en place une nouvelle culture sexuée en fait partie pour différentes causes.

A. J.– Écrire en tant que femme, est-ce valable et est-ce que cela fait partie de votre pratique d'écrivain?

L. I. – Je suis une femme. J'écris avec qui je suis. Pourquoi cela ne serait-il pas valable sinon par mépris de la valeur des femmes ou par refus d'une culture où le sexuel représente une dimension subjective et objective importante? Mais comment pourrais-je être femme d'une part et écrire de l'autre? Cette scission ou schize entre celle qui est femme et celle qui écrit ne peut exister que pour qui reste dans un automatisme verbal ou un mimétisme du sens déjà constitué. Tout mon corps est sexué. Ma sexualité n'est pas limitée à mon sexe et à l'acte sexuel (au sens restreint). Je pense que les effets de la répression et surtout de l'inculture sexuelle – civile et religieuse – sont encore si puissants qu'ils permettent de tenir des propos aussi étranges que « Je suis une femme » et « Je n'écris pas en tant que femme ». Dans ces protestations, il y a également une secrète allégeance aux cultures de l'entre-hommes. En effet, l'écriture alphabétique est historiquement liée à la codification civile et religieuse des pouvoirs patriarcaux. Ne pas contribuer à sexuer la langue et ses écritures, c'est perpétuer la pseudo-neutralité des lois et traditions privilégiant les généalogies masculines et leurs codes logiques.

A. J. – Beaucoup de femmes écrivant aujourd'hui se trouvent pour la première fois historiquement au sein des institutions, telles que l'université ou la psychanalyse. Selon vous, cette nouvelle place des femmes aidera-t-elle à faire entrer les femmes dans le canon du XXᵉ siècle, et cela au cœur même de ce corpus ou (toujours) dans les notes en bas de la page ?

L. I. – Il n'y a pas beaucoup de femmes à notre époque dans les institutions. Quand elles y sont, elles sont souvent cantonnées à certains grades de la carrière. Très peu de femmes accèdent aux postes les plus élevés et elles le paient très cher, d'une façon ou d'une autre. Cette réalité est si vraie qu'elle explique une bonne partie des débats autour des noms de professions.

Mais il ne suffit pas d'être dans les institutions pour écrire des choses qui s'inscrivent et resteront dans la mémoire du XXᵉ siècle. Être dans les institutions permet parfois une diffusion rapide de la pensée, ce qui ne signifie pas un impact historique important de celle-ci. Il est possible que bien des femmes admises dans les institutions parlent de la culture déjà passée et non de celle qui restera comme trace de l'élaboration du présent et du futur.

Où s'exprimera cette civilisation en train de se construire ? Pas simplement dans l'écriture, bien sûr ! Mais, en ce qui concerne le seul corpus écrit, les notes en bas de pages sont parfois le lieu le moins accessible aux femmes. En effet, il faut y citer le nom propre, le titre du livre ou de l'article et faire des renvois précis au texte, du moins selon ma culture. L'apport de certaines femmes est déjà entré dans le corps de livres mais il y est souvent assimilé sans indication précise de qui l'a produit. La culture nous a appris à consommer le corps de la mère – naturelle et spirituelle – sans dette et, en ce qui concerne le monde des hommes, à marquer cette appropriation de leur nom. Votre question semble impliquer que cela doit rester inchangé. La parole des femmes demeurerait dans le corps ou les notes d'un texte non écrit par elles, non signé de leur nom. A moins que votre question ne soit formulée ou traduite de manière inadéquate?

L'apport culturel le plus difficile à faire entendre dans l'Histoire est la contribution différente des femmes et des hommes au développement de la civilisation. Un des signes de la réalité et de la reconnaissance de la différence de cet apport serait la parution de livres signés par des femmes et contribuant à l'élaboration de la culture de façon insubstituable à celle des hommes. Un autre indice de mutation de l'ordre des échanges symboliques consisterait dans la multiplication de textes manifestant un réel dialogue entre femmes et hommes.

A. J. – De nos jours, on assiste à une production reconnue importante de la théorie littéraire, philosophique et psychanalytique par les femmes et, parallèlement, à une nouvelle fluidité des frontières entre les disciplines et entre les genres d'écriture. Ce parallélisme amènera-t-il seulement à accueillir les femmes à côté des hommes ou à brouiller définitivement ces catégories?

L. I. – La fluidité entre les disciplines et les genres d'écriture n'est pas très grande à notre époque. La multiplicité des savoirs et des techniques fait qu'il se produit une étanchéité entre les connaissances plus grande que par le passé. Aux siècles derniers, les philosophes et les scientifiques dialoguaient. De nos jours, ils sont souvent étrangers les uns aux autres pour des raisons d'incommunicabilité entre leurs langages.

Y a-t-il de nouveaux lieux d'échanges entre certaines disciplines telles la philosophie, la psychanalyse, la littérature? Cette question est complexe. Il y a des tentatives de passage d'un champ à l'autre mais ces tentatives ne disposent pas toujours des compétences nécessaires pour qu'elles soient pertinentes. Ce à quoi nous assistons, c'est à une modification de l'usage de la langue par certains philosophes se retournant vers les origines de leur culture. Ainsi Nietzsche, Heidegger, mais déjà Hegel, questionnent leurs fondations grecques, et religieuses, Derrida son rapport aux textes de l'Ancien Testament. Ce geste s'accompagne chez eux du recours à un style proche de celui de la tragédie, de la poésie, des dialogues platoniciens, de l'expression des mythes, paraboles ou actes religieux. Ce retour est retour vers le moment où l'identité masculine s'est constituée comme patriarcale et phallocratique. Est-ce la sortie des femmes des domiciles privés et du silence qui a contraint les hommes à s'interroger? Tous ces derniers philosophes – sauf Heidegger – s'intéressent explicitement à l'identité féminine, parfois à leur identité comme féminin(s) ou femme(s). Cela aboutit-il à brouiller les catégories? Lesquelles? Au nom de quoi? Ou de qui? Pourquoi? Je pense que vous appelez catégories les secteurs du savoir et non les catégories logiques du discours et de la vérité. L'instauration de formes et règles logiques nouvelles accompagne la définition d'une nouvelle identité subjective, de nouvelles règles de détermination de la signification. Cela est nécessité aussi pour que les femmes puissent se situer dans la production culturelle à côté des hommes et avec eux. Se retournant vers le moment de leur(s) prise(s) de pouvoir(s) socio-culturel(s), les hommes cherchent-ils un moyen de se dépouiller de ces pouvoirs? C'est souhaitable. Cette volonté impliquerait qu'ils invitent les femmes à partager la définition de la vérité et de son exercice avec eux. Écrire différemment n'a jusqu'à présent pas beaucoup modifié le sexe des dirigeants politiques ni leurs discours civils ou religieux.

Question de patience? Avons-nous le devoir d'être patientes devant les décisions qui se prennent à notre place et en notre nom? Certes, il ne s'agit pas, selon moi, de passer à l'épreuve de la violence mais de nous interroger sur la façon de donner une identité aux discours des sciences, des religions, des politiques et de nous y situer comme des sujets à part entière. La littérature, c'est bien. Mais comment amener le monde des hommes à diriger poétiquement les peuples alors qu'ils s'intéressent avant tout à l'argent, à la concurrence pour le pouvoir, etc.? Et comment gérer le monde en tant que femmes si nous n'avons pas défini notre identité, les règles concernant nos rapports généalogiques, notre ordre social, linguistique, culturel ? Pour cette tâche, la psychanalyse peut nous être d'un grand secours si nous savons l'utiliser de manière adaptée à nos besoins et désirs corporels et spirituels. Elle peut nous aider à désadhérer de la culture patriarcale, à condition de ne pas nous laisser définir ni séduire par les théories et problèmes du monde généalogique masculin.

A. J. — Étant donné la problématique et la politique des catégories du canon, et étant donné les questions abordées ici, votre œuvre figurera-t-elle dans le canon du XXᵉ siècle et comment y sera-t-elle présentée ? Selon vous, que pourrait être le contenu de ce canon ?

L. I. — Dans cette question, j'entends une volonté d'anticiper et de codifier le futur plutôt que de travailler maintenant à le construire. Se soucier dans le présent de l'avenir ne correspond certainement pas à le programmer d'avance mais à essayer de le faire exister. Cela dit, à partir du moment où une douzaine d'essais de vous sont dans les librairies et les bibliothèques publiques et privées depuis des années et qu'ils sont traduits dans plusieurs langues, ils ont une chance de figurer dans le canon du XXᵉ siècle. A moins d'un cataclysme qui abolira toute chance d'un quelconque canon ?

Ce cataclysme fait peut-être partie de ce que vous désignez par « canon ». En effet, je ne comprends pas ce qui vous permet de parler de « la problématique et la politique des catégories du canon ». Vos propos semblent supposer que tout cela est fixé dès maintenant, qu'il n'y aura que du passé dans le futur, que ce qui va définir le canon du xxᵉ siècle ne sera pas pour une part établi par des lectrices et lecteurs vivant au-delà de ce xxᵉ siècle. Vous paraissez affirmer également qu'il n'y aurait qu'*un* canon et *un* contenu de celui-ci. Cela m'étonne. S'il n'y en a qu'un, il serait programmé rigoureusement par les formes de son expression; il représenterait une épure immuable de la langue.

Vous semblez ignorer qu'il y a plusieurs langues et qu'elles évoluent. Pour ce qui concerne la question du genre, par exemple, toutes les langues ne la traitent pas de la même façon. Votre hypothèse reviendrait à la question de savoir quelle langue l'emportera sur l'autre. Il y a bien là un horizon de cataclysme auquel je ne saurais souscrire, pas plus que je ne saurais adhérer à la croyance qu'il y a des universaux programmant éternellement et mondialement le sens pour toutes, tous et tout. Cela étant posé, votre question pourrait me suggérer ce commentaire: l'avenir mettra-t-il l'accent sur le sujet ou sur l'objet? sur la communication et les échanges de significations ou sur la possession de biens? A ces alternatives, correspondant partiellement à l'expression différente du genre dans certaines langues romanes et germaniques, je répondrai que je ne souhaite pas que les anciennes traditions culturelles soient abolies par des civilisations subjectivement plus élémentaires. Je souhaite que la culture du sujet à laquelle j'appartiens, notamment en fonction de ma langue, évolue dans le sens d'une culture du sujet sexué et non dans le sens d'une destruction inconsidérée de la subjectivité. De ce point de vue, j'espère vivement figurer dans la mémoire culturelle du xxᵉ siècle et y apporter des mutations des formes et des contenus des discours. Ce vœu accompagne pour moi l'espoir d'un futur *plus* cultivé et non *moins* cultivé que le passé ou le présent, d'un avenir où les échanges symboliques seront plus libres, plus justes et plus élaborés que dans le présent, y compris en ce qui concerne la dimension religieuse qu'évoque le mot « canon ».

A. J. – Êtes-vous aussi convaincue que vous l'étiez en 1974, lors de la publication de Speculum, *que l'introduction du corps féminin dans le corpus masculin soit une stratégie indispensable ?*

L. I. – Je me demande comment est traduit *Speculum* en Amérique pour que j'entende de tels malentendus à propos de ce livre. Certes, c'est un livre difficile car il définit un nouvel horizon de pensée. *Speculum* est également ardu à traduire dans la mesure où l'écriture joue sur la synonymie ou l'homonymie des mots de la langue française et leurs ambiguïtés syntaxiques et sémantiques. Ce livre reste donc en ce sens intraduisible. Mais je pense que les malentendus viennent aussi d'autres causes que la traduction. Une de celles-ci me semble la réduction de l'information à la rumeur ou l'opinion sans véritable lecture du texte.

Ainsi *Speculum* ne peut suggérer de faire entrer le « corps féminin » dans le « corpus masculin » car le corps féminin figure depuis toujours dans le corpus masculin, pas toujours dans la philosophie, il est vrai, bien qu'il s'y trouve. Cela, je le sais évidemment. *Speculum* critique le droit exclusif d'usage(s), d'échange(s), de représentation(s) d'un sexe par l'autre. Il accompagne cette critique d'un début d'élaboration phénoménologique de l'auto-affection et de l'auto-représentation de son corps par une femme : Luce Irigaray, signataire du livre. Cette démarche implique que le corps féminin ne reste pas objet du discours des hommes ni de leurs divers arts mais qu'il devienne enjeu d'une subjectivité féminine s'éprouvant et s'identifiant elle-même. Une telle recherche tend à proposer aux femmes une morpho-logique appropriée à leur corps. Elle vise aussi à inviter le sujet masculin à se redéfinir lui-même comme corps en vue d'échanges entre sujets sexués.

Travailler à cette mutation sociale et culturelle reste l'horizon de mon œuvre, l'accent étant porté tantôt sur un secteur de la culture tantôt sur un autre afin d'en repenser la constitution.

Peut-être, dans votre question, y a-t-il la marque d'un étonnement devant le fait que le corps sexué puisse entrer dans la définition de la subjectivité et de la culture. Je pense que cette dimension de recherche représente une des tâches de notre époque, en particulier à la suite de la découverte de l'inconscient et des divers mouvements de libération humaine.

Septembre 1987.

Récemment j'ai entendu affirmer par un homme de vingt-cinq ans, étudiant en philosophie, intelligent, politisé, etc. que le sida allait contribuer à la mise en place d'une nouvelle éthique sexuelle. Son argument était que, devant éviter certaines zones érogènes, les partenaires sexuels, notamment hommes, se verraient contraints à affiner et cultiver leurs désirs. Il fournissait des exemples de couples qui lui étaient plus ou moins proches.

Je ne mets pas en doute la sincérité de cet homme. J'ai déjà entendu d'ailleurs ce genre d'argumentation dans certaines émissions télévisées sur le sida. Ces propos me semblent tragicomiques. Une civilisation soi-disant évoluée comme la nôtre aurait besoin de calamités pour faire des progrès en amour. Une telle conception de l'éthique sexuelle véhicule les relents les plus répressifs et idéologiques des religions occidentales. Pour se purifier, il faut être éprouvé. La sexualité, c'est le péché et la maladie, qui en réduit les pratiques, représente au fond une voie

1. Slogan mis dans la bouche d'une femme lors de la deuxième campagne contre le sida réalisée par la télévision française.

75

de salut. Donc, bienheureux sida qui nous délivrerait de la tentation, nous mènerait à la sagesse, en limitant subrepticement au passage quelques naissances !

Que les atteint(e)s du sida se trouvent des compensations et consolations, je m'en réjouis ! Mais que, dans la bouche d'hommes soi-disant libres, libérés et non malades, le sida apparaisse la solution à nos problèmes sexuels irrésolus, cela signe le sous-développement de notre culture en la matière. Celui-ci peut même être une des causes favorisantes du sida et de quelques autres maladies de notre temps.

MALADES DE QUOI ?

En effet, ne devient pas malade n'importe qui n'importe quand. Pour qu'un corps soit atteint dans son intégrité, il faut que son équilibre soit déjà compromis. Cela est vrai pour toutes les maladies. C'est caricaturalement évident pour les maladies dites de l'immunité. Mais toutes les maladies le sont, en fait. Être malade revient à ne plus être capable d'écarter de soi les éléments pathogènes.

Pourquoi donc cette prolifération de maladies mortelles à une époque de civilisation aussi évoluée que la nôtre ? Mon hypothèse est que celle-ci soumet nos corps et nos esprits à des agressions permanentes qui en détruisent peu à peu les mécanismes immunitaires. Je m'étonne que les médecins ne le disent pas. Seraient-ils, d'une certaine façon, infidèles au serment d'Hippocrate? Auraient-ils intérêt à la prolifération de la maladie en tant qu'elle est rentable? Qu'elle leur apporte des bénéfices financiers ou narcissiques? Ou seraient-ils eux-mêmes aveuglés? Habitués à l'usage de médiations technologiques, savent-ils encore ce qu'est un corps vivant? Imaginent-ils, par exemple, que les agressions constantes par le bruit risquent, entre autres effets, de prédisposer au cancer, au sida, etc. par affaiblissement de notre économie biologique, notamment hormonale? Ce qui, de plus, peut nous rendre stériles. Faut-il être une femme thérapeute du psychisme pour l'imaginer et le dire?

Guérir, c'est bien; prévenir, c'est mieux. Intervenir médicalement dans la vie de quelqu'un(e), c'est faire effraction dans son univers. C'est en quelque sorte violer son monde et le (ou la) rendre dépendant(e). C'est aussi lui ôter le droit à la **parole**, parce que les malades souvent ne comprennent rien au jargon médical et aux raisonnements qui justifient un diagnostic et un traitement.

UN POUVOIR SEXUEL BRUYANT

Les rapports médecins-malades ressemblent quelque peu aux relations de pouvoir sexuel qui ont encore cours dans beaucoup de couples. Cela ne met pas en cause le dévouement des médecins mais l'éducation sexuelle. Celle-ci n'est pas affaire de vie privée seulement mais de relations sociales en général.

Ainsi le droit de faire du bruit, matériellement ou spirituellement, est un privilège d'hommes. La plupart d'entre eux sont finalement heureux dès qu'ils manipulent devant d'autres, en particulier des femmes, des machines bruyantes. Leurs misères sociales s'estompent au volant d'un engin dont les performances, nécessairement sonores, relaient les preuves de leur puissance sexuelle. Imaginez des machines qui n'émettraient plus aucun son, les hommes seraient contraints à une rééducation sexuelle autrement intéressante que celle nécessitée par le sida. Et, personnellement, je suggère aux mères actuelles de ne pas apprendre aux filles à faire comme les garçons, mais d'éduquer les garçons à être capables des mêmes vertus sociales que les filles tout en étant sexuellement hommes : savoir se tenir silencieux, calmes, parler doucement, s'abstenir de jeux bruyants et guerriers, être attentifs aux autres, pratiquer l'humilité et la patience, etc.

Respecter ces usages culturels, correspondant souvent à une simple politesse, ne saurait nuire à l'économie de la sexualité masculine. Bien au contraire, cela contribuerait à ne pas en dissiper l'énergie dans des stéréotypes sociaux que nos découvertes récentes concernant la sexualité pourraient rendre caducs. Une pratique cultivée de la sexualité devrait aujourd'hui pouvoir se

distinguer de l'utilisation d'une arme, du pava-
nage bruyant, du fait de parler haut, de prétendre avoir raison, d'utiliser sa théorie comme
un instrument de guerre, etc.

Nos libérations sexuelles devraient insensible-
ment changer notre environnement socio-culturel. Les machines manipulées par les hommes
ne devraient pas faire plus de bruit que celles
tolérées entre les mains des femmes. Or, curieusement, les unes envahissent tous nos lieux
d'existence, les autres sont supposées ne pas
déborder les murs de la maison dans une
construction correcte. De même, les conflits
entre hommes ou peuples d'hommes devraient
pouvoir se traiter poliment, à l'amiable, du
moins sans bruit ni nuisances pour les femmes
et les enfants.

UNE SEXUALITÉ RÉELLEMENT LIBRE

Nul doute que la plupart penseront que je
plaisante en affirmant cela. Mais pas du tout. Il
est difficile sans doute d'imaginer à quel point
tous ces comportements qui occupent la plupart
des propos politiques, qui règlent les attitudes
soi-disant civiles, qui engloutissent des capitaux
énormes, qui polluent notre environnement par
précaution militaire, qui menacent dans le
présent nos vies et nos santés physiques et
morales, sont d'étranges jeux sexuels entre
hommes. Malheureusement ils constituent notre

horizon depuis des siècles. Hélas! aussi, nos civilisations sont habituées à détruire, en ce qui concerne la vie, ce qu'elles ont acquis. Cette économie ressemble étrangement à celle de l'économie sexuelle masculine décrite par Freud : tension, décharge, retour à l'homéostasie. Mais cette économie nous fait la loi partout, tout le temps; elle nous rend malades directement ou indirectement, y compris à travers la science médicale.

Une issue à ce paysage culturel correspondant à une sexualité dite unique et masculine (au mieux neutre!) consiste certainement à éduquer différemment les garçons et à modifier ainsi le comportement social des hommes. Cette mesure me semble d'autant plus nécessaire que la dénonciation constante de la guerre s'accompagne de la prolifération de jeux et jouets guerriers, d'images et de comportements civils agressifs, ce qui ne contribue pas à établir la clarté et la paix dans l'esprit des enfants ni des adultes.

Cultiver sa sexualité ne consiste pas à procréer un enfant (de plus) mais à transformer son énergie sexuelle en vue d'une cohabitation agréable et féconde avec les autres. La société ne devrait pas exiger de refouler ses désirs sexuels, de les nier ou annuler, de les maintenir dans l'enfance ou l'animalité, mais de les faire entrer dans une subjectivité individuelle et collective capable de respect de soi, des personnes de son sexe et de l'autre, de l'ensemble du peuple, des peuples. Nous en sommes loin! En appeler à la maladie pour résoudre nos problèmes, détruire toute subjectivité comme on casse un jouet ou une culture par dépit ou impuissance, cela correspond à des gestes sexuels naïfs et peu responsables.

Octobre 1987.

L'entrée des femmes dans le monde public, leurs relations sociales entre elles et avec les hommes nécessitent des mutations culturelles, notamment linguistiques. Si Monsieur le Président de la République rencontre Madame la Reine, dire : « Ils se sont rencontrés » est proche de l'anomalie grammaticale. Au lieu de se pencher sur cette délicate question, la plupart se demandent s'il faut que nous soyons gouvernés seulement par des hommes ou seulement par des femmes, ce qui veut dire par un seul genre. Le poids des règles de la langue peut mener à de telles impasses. Malheureusement cet enjeu est encore peu perçu. A la nécessité de mutations des règles grammaticales, certaines femmes, même féministes — pas toutes heureusement! —, sont prêtes à objecter que le genre masculin leur suffit si elles y ont droit. Or, neutraliser le genre grammatical revient à abolir la différence des subjectivités sexuées et à exclure de plus en plus la sexualité de la culture. Nous accomplirions un retour en arrière considérable en abolissant le genre grammatical, retour en arrière dont notre civilisation ne peut se payer le luxe; par contre, il est urgent et indispensable de rendre des droits subjectifs égaux aux femmes et aux hommes. Égaux signifie alors évidemment différents mais d'égale valeur. Subjectifs implique des droits équivalents dans les systèmes d'échanges. Du point de vue linguistique, il s'agit donc d'analyser les injustices culturelles de la langue, son sexisme généralisé. Cela se marque dans la grammaire, cela se marque aussi dans le lexique, dans les connotations du genre des mots.

PLUS OU MOINS MASCULIN

Depuis des siècles, ce qui est valorisé est du genre masculin, ce qui est dévalorisé du genre féminin. Ainsi le soleil est du genre masculin, la lune du genre féminin. Mais le soleil, dans nos cultures, est considéré comme la source de vie, la lune comme ambiguë, presque néfaste — sauf peut-être par certain(e)s paysan(ne)s. L'attribution du genre masculin au soleil peut se repérer dans l'Histoire, l'attribution du soleil aux dieux hommes aussi. Tout cela ne représente pas une vérité immuable mais des données qui évoluent sur des périodes très longues et à des vitesses différentes selon les cultures, les pays et les langues. La connotation positive du masculin comme genre des mots est liée aux temps de l'instauration du pouvoir patriarcal et phallocratique, notamment par appropriation du divin par les hommes. Cette question n'est pas secondaire. Elle est très importante. Sans pouvoir divin, les hommes ne pouvaient supplanter les relations mères-filles et leurs attributions concernant la nature et la société. Mais l'homme devient Dieu en se donnant un père invisible, un père langue. L'homme devient Dieu comme Verbe, puis comme Verbe fait chair. Le sperme, dont le pouvoir n'est pas immédiatement visible dans la procréation, est relayé par le code linguistique, le *logos*. Celui-ci veut devenir la vérité englobante.

Il y a, dans l'appropriation du code linguistique par les hommes, au moins trois gestes : 1) prouver qu'ils sont pères, 2) prouver qu'ils sont plus puissants que les femmes-mères, 3) prouver qu'ils sont capables d'engendrer l'horizon de la culture comme ils ont été engendrés dans l'horizon naturel de l'ovule, du ventre, du corps d'une femme.

Pour être assuré de ne pas être trahi dans son pouvoir, le peuple des hommes représente, consciemment ou inconsciemment, ce qui a de la valeur comme correspondant à son image et son genre grammatical. La plupart des linguistes affirment que le genre grammatical est arbitraire, indépendant de dénotations ou connotations sexuelles. En fait, c'est inexact. Ils n'ont pas réfléchi à la question. Elle ne s'imposait pas à eux comme nécessaire. Leur subjectivité personnelle, leur théorie s'accommodaient d'être valorisées comme du masculin passant pour de l'arbitraire universalisable. Un travail patient sur le genre des mots révèle presque toujours leur sexe caché. Celui-ci se traduit rarement immédiatement. Et un linguiste aura vite fait de rétorquer qu'un fau-

teuil ou un château ne sont pas plus « masculins »
qu'une chaise ou une maison. Apparemment non.
Un peu de réflexion révélera que le château ou le
fauteuil désignent plus de valeur que la chaise ou
la maison. Les unes sont simplement utiles dans
nos cultures, les autres sont luxueux, orne-
mentaux, marqués comme biens d'un milieu plus
élevé. Une analyse rigoureuse de tous les termes
du lexique ferait ainsi apparaître leur sexe secret,
ce qui signifie leur appartenance à une syntaxe
encore ininterprétée. Autre exemple : l'ordinateur
est évidemment du masculin et la machine à
écrire du féminin. Question de valeur... Ce qui
l'emporte doit être du masculin. Ainsi encore
l'avion est supérieur à l'auto, le Boeing à la Cara-
velle, sans parler du Concorde... Chaque contre-
exemple trouve une explication un peu plus
complexe : le genre peut être dû au préfixe ou au
suffixe et non à la racine du mot ; il peut être tributaire de l'époque où le terme est entré dans le
lexique et de la valeur relative des genres féminin
et masculin en ce temps-là (de ce point de vue,
l'italien est sexiste de façon moins cohérente que
le français) ; il est parfois déterminé par la langue
à partir de laquelle il est importé, l'anglais étant
un gros importateur de termes qui deviennent
masculins en français, par exemple.

LE GENRE COMME IDENTITÉ OU COMME BIEN POSSÉDABLE

Comment s'est attribué le genre des mots ? Il y
a des modalités et des niveaux différents d'attri-

bution. Au niveau le plus archaïque, je pense qu'il y a identification de la réalité dénommée et du sexe du locuteur. La terre *est* la femme, le ciel *est* son frère. Le soleil *est* l'homme, le dieu-homme. La lune *est* la femme, la sœur du dieu-homme. Etc. Il reste toujours quelque chose de cette première identification dans le genre des mots. Elle est plus ou moins explicite ou secrète. Mais un autre mécanisme que l'identité entre la réalité désignée et le genre joue. Les êtres vivants, animés, cultivés deviennent du masculin; les objets privés de vie, inanimés, incultes deviennent du féminin. Cela veut dire que les hommes se sont attribué la subjectivité et ont réduit les femmes au statut d'objets ou à rien. C'est vrai pour les femmes comme telles, c'est vrai pour le genre des mots. Le moissonneur est un homme. Mais si, selon le débat actuel sur les noms de professions, le linguiste et le légiste souhaitent donner à la femme qui moissonne le nom de moissonneuse, le mot est indisponible pour le sujet femme : la moissonneuse est l'outil utile au moissonneur, ou le mot n'existe pas au féminin. Cet état de choses est encore plus caricatural à un niveau professionnel élevé où l'on assiste parfois à des hiérarchies dans l'attribution du genre grammatical : le secrétaire d'État ou de parti sera du genre masculin, la secrétaire sténo-dactylo, du genre féminin.

Le couple sexué comme créateur et organisateur du monde n'existe pas. Les hommes sont entourés d'outils de genre féminin et de femmes-objets. Ils ne gèrent pas le monde avec elles en tant que sujets sexués disposant de droits équivalents. Cela ne deviendra possible que par une mutation de la langue. Mais cette mutation ne peut se faire que par revalorisation du genre féminin. En effet, celui-ci, qui était à l'origine simplement différent, est quasiment assimilé aujourd'hui au non-masculin. Être femme équivaut à ne pas être homme. Ce que nous énonce pour sa part calmement la psychanalyse dans sa théorie et sa pratique de l'envie du pénis ou du phallus. Cette réalité ne correspond qu'à une époque de la culture et un état de la langue. Dans ce cas, la libération des femmes ne passe pas par le « devenir homme » ou l'envie de parties ou d'objets masculins, mais par la revalorisation de l'expression de leur sexe et de leur genre par des sujets féminins. C'est tout à fait différent.

Ce malentendu entre la libération par l'égalité dans la possession de biens ou par l'accès à une subjectivité de même valeur est actuellement entretenu par quelques théories et pratiques sociales : la psychanalyse en est une mais aussi le marxisme dans une certaine mesure. Leurs discours ont été élaborés par des hommes. Ils l'ont été en langue germanique. Ils ont aujourd'hui un relatif succès auprès des femmes des pays parlant ces langues parce que la marque du genre s'exprime dans les relations sujet-objet. Une femme peut donc y avoir *sa* phallus sinon *sa* pénis. Ainsi certaines femmes allemandes, anglaises ou américaines peuvent, par exemple, revendiquer l'égalité dans la possession des biens et les marquer de leur genre. Cette opération étant réalisée, elles abandonnent éventuellement leur droit à la marque du genre au niveau du sujet et elles critiquent la mise en relation consciente du corps sexué et du langage comme « substantialiste », « ontologiste », « idéaliste », etc. Cela provient d'un manque de compréhension des relations entre corps individuels, corps social et économie linguistique. Cette incompréhension entretient beaucoup de malentendus dans le monde dit de la libération des femmes. Pour bien des féministes anglo-saxonnes — et plus généralement de langue germanique —, il suffit d'avoir son poste universitaire ou d'avoir écrit son livre pour être libérée. Il s'agit de *sa* poste et *sa* livre, pour elles, et cette appropriation dans la possession semble les satisfaire. Selon moi, il faut être un *sujet* féminin libre. Pour cette libération, la langue représente un outil de production indispensable. Je dois la faire évoluer pour avoir des droits subjectifs équivalents à ceux des hommes, pour pouvoir échanger du langage et des objets avec eux. Dans un cas, la libération des femmes met l'accent sur l'égalité de droits relatifs à la possession de biens : la différence entre hommes et femmes se situe dans la nature, la quantité, parfois la qualité des biens conquis, possédés. Dans l'autre cas, la libération sexuelle exige d'accéder à un statut *subjectif*, individuel et collectif, valable en tant que femme. L'accent est mis sur la différence des droits entre sujets masculins et sujets féminins.

Posséder quelques biens équivalents à ceux des hommes ne résout pas la question du genre pour les femmes de langue romane car ces biens ne portent pas la marque de leurs propriétaires sujets. Nous disons *mon* enfant ou *mon* phallus (?), que nous soyons femmes ou hommes. Pour les « objets » de valeur, donc, la marque de possession est la même. Pour les autres « objets », ils sont généralement dévalorisés quand ils sont susceptibles d'être manipulés ou appropriés seulement par des femmes. Le problème de l'objet et de sa conquête ne peut donc résoudre l'inégalité des droits sexués dans toutes les langues. Je pense d'ailleurs qu'il ne peut le résoudre dans aucune langue. Mais il peut satisfaire plus ou moins d'exigence, plus ou moins d'urgence.

Si la question des noms de professions a un tel succès, c'est qu'elle représente un lieu intermédiaire entre sujet et objet, objet et sujet. Il s'agit bien de posséder un statut professionnel, d'avoir un poste de travail mais celui-ci n'est pas possédable comme n'importe quel objet. Il fait partie de l'identité subjective bien qu'il ne suffise pas à la constituer. En plus, cette revendication se conjugue facilement avec les revendications sociales déjà présentes dans le monde masculin. L'enjeu est donc relativement facile à poser. Il recueille l'adhésion quasi générale. Il ne voit souvent s'opposer à lui que des réalités déjà codées linguistiquement (ainsi *moissonneuse* et *médecine* sont devenus des noms d'objets ou de désignation de discipline professionnelle et ne sont plus des noms de personnes, et parfois le correspondant féminin du nom de profession n'existe pas ou désigne un métier différent) et des résistances sociales selon les niveaux d'accès permis ou interdits aux femmes. La question du sexisme de la langue est à peine abordée dans le genre des noms de professions et les solutions proposées tendent souvent à essayer d'esquiver les problèmes ainsi révélés.

Octobre 1987.

« L'Italie, traumatisée par Tchernobyl, s'est prononcée à 70-80 % contre le nucléaire. » Voilà les termes dans lesquels j'ai entendu annoncer les résultats du référendum italien [1]. Les interférences d'autres longueurs d'onde m'ont empêchée, dans un premier temps, de connaître ce que les Italiennes et les Italiens avaient décidé à propos du pouvoir des juges. J'aurais voulu les deux réponses. Je n'en avais qu'une et avec le diagnostic d'un pays malade.

Tel n'est pas mon avis. Mais, si ma sympathie pour l'Italie me permet cette comparaison, l'interrogation d'une culture du nucléaire, que j'ai exposée partiellement à la fête des femmes du P.C.I. en 1986 (cf. « Une chance de vivre » dans *Sexes et parentés* [2]), me vaut de tels diagnostics de la part de certains médias. J'aurais « peur » des progrès technologiques...

---

1. Novembre 1987, référendum sur 1) l'utilisation du nucléaire, 2) le pouvoir des juges.

2. *Op. cit.* ainsi que dans le *Temps de la différence*, biblio essais, 1989.

Accoler un diagnostic de maladie physique ou mentale à une option politique de protection de la vie me semble d'une étonnante inconscience. Cela m'apparaît aussi le signe d'une forme d'impérialisme de la raison lié au pouvoir inconditionnel de l'argent. Pour être en bonne santé, il s'agirait de se prononcer pour un développement un peu aveugle des instruments du profit. Peu importe, à la limite, que plus personne ne soit là pour profiter; l'essentiel serait de prouver que l'intention était celle du profit. Ainsi peut-on concevoir que le souci de vies humaines n'est pas grand-chose dans l'horizon d'une guerre des monnaies où la victoire est imaginée tributaire de l'expansion de diverses technologies. Il n'est pas impensable non plus que l'éloge immodéré des médecines sophistiquées s'exerce au détriment des médecines préventives. Le culte pour les découvertes médicales ou biologiques semble méconnaître : 1) les dangers quotidiens de notre culture, 2) les dégâts provoqués par la médecine elle-même. La seule réponse que j'ai pu obtenir de gens supposés intelligents à ce constat est : ce n'était pas mieux avant...

Dans le référendum italien, les deux enjeux en cause me sont apparus unis par le droit à la vie justement. La nécessité d'un vote populaire montre la carence de droits civils correspondant à la protection de la vie à notre époque. Mais comment peut s'appliquer l'interdit de tuer ou voler

entre les individus si l'État lui-même tue ou vole ?
Qui seront les juges habilitables si les gouvernants de la nation eux-mêmes ne le sont pas ?
Comment redéfinir droits et devoirs de chacune, chacun, dans cette complexité de notre culture non prévue par le droit écrit ? De qui vont s'autoriser les responsables dans leurs verdicts ? De la religion ? Laquelle ? Quel pays est actuellement tributaire d'une seule religion ? Et qui veut reconduire les prescriptions des monothéismes patriarcaux en matière de droits féminins ?

Un nouvel opium populaire ?

L'urgence est particulièrement évidente du côté du droit à la vie. En ce qui concerne les rapports aux biens, beaucoup de nuances ou d'ajouts ont été introduits ces dernières décennies. Ils sont plus ou moins bien appliqués, il est vrai, surtout en matière de discriminations sexuelles. Théoriquement, les femmes jouissent de certains droits dont elles ne disposaient pas en matière d'acquisition ou de disposition des biens. Mais ce progrès, insuffisant et fragile, ne peut se stabiliser que s'il s'accompagne du droit à la vie, droit toujours sexué. En effet, la vie n'est pas neutre. Et c'est quasiment devenu un opium populaire depuis quelque temps d'affirmer que femmes et hommes sont maintenant égaux ou en voie de le devenir. Hommes et femmes ne sont pas égaux et il me semble très problématique et illusoire d'orienter le progrès dans ce sens. Ainsi, au niveau du travail, un patron aura vite fait de prétendre qu'il ne veut pas de main-d'œuvre féminine à cause de son instabilité. Ou alors, il acceptera d'engager des femmes à condition de les sous-payer, sans reconnaître que ces femmes sont la main-d'œuvre souvent la plus rentable par son sérieux, surtout à partir d'un certain âge.

Je vois mal comment une femme peut se faire passer pour un homme sur son lieu de travail. Elle peut évidemment se travestir, ne plus faire l'amour ni le ménage, ne plus enfanter, changer de voix, etc. Quelque chose de cela apparaît parfois à notre époque comme symptôme de neutralisation des sexes. La question serait de savoir si cela revient à un choix de certaines femmes ou aux nécessités d'un monde bâti par les hommes, monde que les femmes ne choisissent pas mais qu'elles subissent. Elles ne deviennent pas femmes, elles deviennent hommes. C'est ce que leur demande l'univers masculin à défaut de reconnaître l'identité féminine.

Des femmes hors de la famille

Comment valoriser celle-ci? L'inscription de droits féminins dans le Code civil semble indispensable. Les femmes ont besoin de droits spécifiques. Nous vivons encore dans l'horizon familialo-religieux où la femme est le corps dont l'homme serait la tête. Il est assez étonnant que les hommes qui, dans leur berceau, étaient totalement dépendants des femmes et qui vivent grâce à cette dépendance, se permettent ensuite de renverser les choses : les femmes, grâce à l'intelligence desquelles ils vivent, ne seraient pas capables de gérer une société de vivants ni même d'être citoyennes à part entière. Ce renversement de confiance mérite d'être questionné. Il sent la compétition et même la revanche. Évidemment, les hommes sont prêts à dire qu'être mère c'est savoir s'occuper des choses matérielles et non spirituelles et que les femmes le font mieux qu'eux. Ils n'ont jamais été mères... Ce métier est le plus intelligent et le plus subtil qui soit. Il serait certes mieux exercé si les femmes bénéficiaient pleinement de leur identité. Mais, jusqu'à présent, celles qui engendrent et protègent la vie, n'y ont pas droit. Dans un geste incroyable de méfiance, elles sont soupçonnées de ne plus vouloir garder la vie le jour où elles y auront droit elles-mêmes. Les femmes ne sont souvent que les otages de la reproduction de l'espèce. Leur droit à la vie exige qu'elles puissent disposer légalement de leur corps et de leur subjectivité.

Tous ces enjeux de la vie des femmes devraient faire l'objet d'une inscription dans le Code civil : les concessions temporaires concernant la contraception et l'avortement ; les protections ou pénalisations provisoires et partielles contre les violences publiques et privées exercées sur les femmes ; les abus du corps féminin à fin de publicité ou de pornographie ; les discriminations dans la définition et l'usage sexiste du corps, des images, du langage; les viols, rapts, meurtres, exploitations d'enfants qui représentent – il semble qu'il faille le rappeler – le fruit d'un travail féminin et non masculin, etc. Ce ne sont que quelques exemples de ce qui doit être formulé juridiquement pour définir la vie des femmes comme citoyennes.

Sinon, qui sommes-nous? Que valent encore les mots devant de telles distorsions de la réalité? Les femmes, dit-on, auraient rejoint les hommes dans la jouissance de droits civils. Qui réfléchit au fait qu'elles n'ont pas d'identité dans la vie publique? Leur identité était définie uniquement par rapport à la famille. Il faut la repenser comme identité de la moitié du genre humain : le genre féminin. Le genre humain, en effet, n'est pas seulement reproducteur d'espèce. Il est composé de deux genres également créateurs dont l'un est, de plus, procréateur en lui-même, dans son corps. Cela ne l'empêche en rien d'avoir droit à la liberté, à l'identité, à l'esprit. Avant de (re)-produire encore et toujours sans savoir où il va, le genre humain devrait réfléchir à son double pôle d'identité et inscrire dans la culture la richesse de ses biens en matière de vie.

UNE CULTURE DE LA VIE

La vie vaut beaucoup plus que tous les objets, les propriétés, les richesses imaginables. Qu'un peuple le rappelle n'est-il pas le signe que l'aveuglement de certain(e)s rencontre des résistances ? Il arrive que les Italiens apparaissent un peu légers face aux graves problèmes du monde. Et si les Italiens, très aidés par les Italiennes..., tenaient le bon bout en protestant contre le développement du profit au détriment de la vie ? Après tout, au milieu de ses crises exhibées avec des sourires entendus, l'Italie se porte mieux que beaucoup d'autres pays, et un peuple y habite encore qui sait faire entendre sa volonté de vivre. Il lui reste à faire entendre que la vie est sexuée, que la neutralisation des genres est un risque de mort individuel et collectif. Pour l'affirmer comme un progrès historique, il importe d'élaborer une culture du sexuel encore inexistante dans le respect des deux genres.

Il est de pure et simple justice sociale de rééquilibrer le pouvoir d'un sexe ou genre sur l'autre en donnant ou redonnant des droits subjectifs et objectifs aux femmes, droits adaptés à leurs corps sexués.

La justice dans le droit à la vie ne peut s'exercer sans une culture du genre humain comme composé d'hommes et de femmes, et une inscription écrite des droits et devoirs civils correspondant à leurs identités respectives. De ce point de vue, nous sommes encore dans l'enfance de l'Histoire. Heureusement !

Novembre 1987.

POURQUOI DÉFINIR
DES DROITS SEXUÉS?

Cristina LASAGNI. — *Pourquoi t'occupes-tu aujourd'hui du droit, toi qui as abordé les problèmes de manière si différente* [1]?

Luce Irigaray. — En tant que philosophe, je m'intéresse à tous les secteurs de la réalité et du savoir pour les penser. C'est très récemment, dans l'histoire de la culture, que philosophie et sciences ont été séparées. Cela provient de la sophistication des méthodes, dès lors inaccessibles à la pensée de chacun(e). Les tendances hypertechniques des sciences actuelles aboutissent à créer des formules de plus en plus complexes qui correspondent, croit-on, à une vérité de plus en plus vraie. Cette vérité échappe de ce fait à la réflexion de la sagesse, y compris celle des savants eux-mêmes. Cela n'entraîne rien de bon pour notre culture et son devenir (cf. à ce propos « Sujet de la science, sujet sexué? » dans *Sens et place des connaissances dans la société* [2]).

---

1. Cristina Lasagni m'a posé ces questions pour le premier numéro de la revue *Il diritto delle donne*, revue de la province de l'Emilie Romagne, publiée à Bologne, Italie.
2. Tome III, Éditions du CNRS, 1988.

Donc je me suis toujours occupée de l'enjeu du droit du point de vue de la différence des sexes. Dans *Speculum*, par exemple, j'en parle très explicitement aux pages 148 à 154 et 266 à 281, mais il en est question dans tout le texte sur Platon. Dans *Ce sexe qui n'en est pas un*, deux chapitres – « Le marché des femmes », « Les femmes comme marchandises » – traitent des problèmes de droits économiques et sociaux. J'aborde la question plus concrètement aujourd'hui. Mais, pour moi, il n'y a pas rupture entre mes premiers et derniers textes, en particulier sur cette question.

Pourquoi aborder les problèmes juridiques plus concrètement ? Parce que je travaille souvent, depuis 1970, avec des femmes ou des groupes de femmes appartenant aux mouvements de libération et j'y constate des difficultés ou impasses qui ne peuvent être résolues sans passer par l'établissement d'une juridiction équitable pour les deux sexes. A défaut de la mise en place de telles structures sociales, femmes et hommes se perdent dans une inflation de revendications, légales ou hors légalité, tandis que les droits élémentaires de chacun(e) ne sont pas protégés et que le désordre mondial s'accroît. Le rétablissement d'un pseudo-ordre se cherche alors dans la réparation des désordres d'un autre pays par des nations incapables de gérer leurs problèmes. Mieux vaut aider que laisser mourir. Mais s'agit-il vraiment d'aide ? Ou d'alibis apparemment généreux pour rester les maîtres ? Ce n'est pas clair. Et les lois les plus utiles ici maintenant, celles qui nous concernent, sont toujours différées comme si le monde avait pris son parti du désordre et que, dans ce quasi-déluge de nos civilisations, il s'agissait seulement de trouver une solution pour sauver l'identité de l'homme sans écouter la civilisation dont sont porteuses les femmes. Tout est bon pour ne pas tenir compte de leur vérité. Les hommes reviennent même à des stades archaïques de culture, imposant publiquement de diverses manières leurs animaux plus ou moins domestiques comme leur dernier totem. Au lieu de poursuivre son évolution culturelle, le monde recule sur des bases de définition humaine minimale : plus de religion adaptée à l'époque, plus de langue parfaitement maîtrisée comme outil d'échanges sociaux ou comme instrument d'acquisition ou de création de connaissances, une législation insuffisante, notamment en matière de protection de la vie, pour régler les conflits privés, religieux, nationaux, internationaux. Donc plus de dieu(x), plus de langue, plus de paysage culturel familier... Sur quoi donc fonder un groupe social ? Je sais que certains s'imaginent que le grand soir de l'universel-bon-pour-tout-le-monde est arrivé. Mais quel universel ? Quel nouvel impérialisme s'y cache ? Et qui en paie le prix ? Il n'y a pas d'universel valable pour toutes et tous hors de l'économie naturelle. Tout autre universel est une construction partielle et, de ce fait, autoritaire et injuste. Le premier universel à mettre en place serait celui d'une législation valable pour les deux sexes comme élément de base de la culture humaine. Cela ne signifie pas contraindre à des choix sexuels. Mais nous sommes vivant(e)s, ce qui signifie sexué(e)s, et notre identité ne peut se construire sans horizon, horizontal et vertical, respectueux de cette différence.

A défaut d'un tel ordre, beaucoup se cherchent de nos jours un lieu d'identité autre que l'humain. L'homme se définit par rapport à sa maison ou celle de son voisin, son auto ou tout autre moyen de locomotion, le nombre de kilomètres qu'il a parcourus, le nombre de matchs joués, ses animaux préférés, ses dieux uniques au nom desquels il tue les autres et méprise les femmes, etc. L'homme ne se soucie pas de faire évoluer la qualité de l'homme : « Pas le temps... », « C'est rétro ! », « Oh ! quel archaïsme... », « Tout ça, c'est désuet »... Toutes ces réactions insouciantes et passivement émises par des citoyens irresponsables m'apparaissent comme le résultat d'un manque de droits et devoirs adaptés aux personnes civiles réelles. Les autoritarismes, les violences et pénuries qui en résultent sont nombreux.

C. L. — Tu parles d'un droit sexué, droit où s'inscrit le genre féminin. Il s'agit d'une idée très différente du concept traditionnel de « parité ». Donc il n'est pas question de « lois égales pour tous » mais d'une idée de lois qui tiennent compte du fait que les femmes ne sont pas égales aux hommes. Peux-tu expliquer le concept du droit sexué ?

L. I. — Je pense que, sur certains points, il faut lutter pour l'égalité des droits afin de faire apparaître des différences. Du moins je l'ai cru. Je pense maintenant que ce qui apparaît comme la voie de la méthode raisonnable est une utopie ou un leurre. Pourquoi? Femmes et hommes ne sont pas égaux. Et la stratégie de l'égalité, quand elle existe[3], devrait toujours viser la reconnaissance des différences. Par exemple, femmes et hommes seraient mis en nombre égal dans toutes les activités sociales pour les faire évoluer. Certes, cette solution est à un certain niveau tout à fait souhaitable. Mais elle ne suffit pas. Et cette insuffisance entraîne régressions et scepticisme concernant les différences entre hommes et femmes, ceux-ci étant entretenus par les femmes elles-mêmes. Pourquoi cette stratégie de l'égalité est-elle insuffisante? D'abord parce que l'ordre social actuel, y compris l'ordre définissant les professions, n'est pas neutre du point de vue de la différence des sexes. Les conditions de travail, les techniques de production ne sont pas inventées ni adaptées à égalité au regard de la différence sexuelle. Les buts du travail, ses modalités ne sont pas définis également par, ni pour, femmes et hommes. L'égalité se fait donc au mieux sur la question du salaire. Certes le droit à salaire égal pour travail égal est légitime, légitime aussi que les femmes puissent sortir de la maison et acquérir une autonomie économique. Certain(e)s pensent que cela suffit au respect de leur identité humaine. Personnellement, je dis que non. Ces nouvelles

---

3. Et elle existe entre autres dans la conception même du droit, mais non comme simple stratégie.

conditions économiques sont l'incitation à repenser toute l'organisation sociale à moins de cautionner le fait que les femmes, pour acquérir une liberté minimale, doivent se soumettre aux impératifs d'une culture qui n'est pas la leur. Ainsi devraient-elles collaborer à la construction d'armes de guerre ou d'instruments de pollution, ou devraient-elles s'adapter aux rythmes de travail des hommes, ou encore devraient-elles se plier et contribuer au développement de langages artificiels qui ne correspondent pas à leur langage naturel, ce qui les dépersonnalise de plus en plus, etc. Cela n'équivaut pas à une égalité des droits. En effet, pour obtenir une chance de vivre libres, les femmes sont contraintes de se soumettre aux moyens de production des hommes et d'accroître leur capital ou patrimoine socio-culturel. Elles entrent malgré tout dans les circuits du travail mais elles y aliènent leur identité féminine. Et les incitations faites aux femmes de retourner à la maison ont toutes chances de trouver un écho non pas forcément auprès des plus réactionnaires, comme cela s'affirme trop rapidement, mais aussi auprès des femmes qui veulent essayer de devenir femmes. Je veux dire par là qu'il n'y a quasiment pas encore de type de travail qui permette à une femme de gagner sa vie comme tout citoyen sans aliéner son identité dans des enjeux et des conditions de travail qui sont adaptés aux seuls hommes. La non-considération de ce problème entraîne beaucoup de confusions et de dissensions entre les personnes qui collaborent à la libération des femmes. Beaucoup de temps se perd en erreurs, beaucoup de malentendus sont entretenus avec cynisme ou inconscience par les micro- ou macro-pouvoirs en place. Les femmes elles-mêmes sont situées dans une sorte d'étau entre le minimum de droits sociaux qu'elles peuvent obtenir : sortir de la maison, acquérir l'autonomie économique, avoir un peu de visibilité sociale, etc. et le prix psychologique ou physique qu'elles paient, et font payer aux autres femmes, ce minimum, le sachant ou ne le sachant pas clairement. Toutes ces confusions pourraient être résolues par la reconnaissance qu'il existe des droits différents pour chaque sexe et que l'équivalence de statut social ne peut être établie qu'après la codification de ces droits par les représentants de la société civile. Cette opération doit donc être visée prioritairement.

C. L. – Peux-tu donner des exemples – pour expliquer la façon dont le droit actuel a été créé et s'est développé à la mesure des hommes ? Quelles seraient les lois définies à partir de la différence sexuelle ?

L. I. – Il me semble possible de répondre provisoirement aux deux questions en même temps dans ce sens que ce qu'il faut définir comme droits pour les femmes est ce que le peuple des hommes, de l'entre-hommes, s'est approprié comme biens, y compris en ce qui concerne le corps des femmes, celui des enfants, mais aussi l'espace naturel, les lieux d'habitation, l'économie des signes et des images, la représentativité sociale et religieuse.

J'aborde donc les choses par le biais de ce qui est à affirmer aujourd'hui comme droits pour les femmes :

1. Le droit à la *dignité humaine*, donc :
   • Plus d'utilisation commerciale de leurs corps ou de leurs images.
   • Des représentations valables d'elles-mêmes en gestes, en paroles et images dans tous les lieux publics.
   • Plus d'exploitation d'une partie fonctionnelle d'elles-mêmes par des pouvoirs civils et religieux : la maternité.

2. Le droit à l'*identité humaine*, soit :

   • L'inscription juridique de la *virginité* (ou intégrité physique et morale) comme composante de l'identité féminine non réductible à l'argent, non monnayable d'aucune manière par la famille, l'État ou la religion. Cette composante de l'identité féminine permet de donner à la fille un statut civil et un droit à conserver sa virginité (y compris pour son propre rapport au divin) aussi longtemps qu'il lui plaira, à porter plainte, avec l'aide de la loi, contre qui y porte atteinte dans ou hors de la famille. S'il est vrai que les filles sont moins échangées entre hommes dans nos cultures, il y reste de nombreux lieux de commerce de leur virginité et le statut de l'identité des filles comme corps monnayable entre hommes n'a pas été repensé ni reformulé. Les filles ont besoin d'une identité positive à laquelle se référer comme personne civile individuelle et sociale. Cette identité autonome des filles est également nécessaire au consentement libre des femmes aux relations amoureuses et à l'institution du mariage comme non-aliénation des femmes au pouvoir masculin.

Cette institution doit d'ailleurs être modifiée juridiquement, notamment en ce qui concerne le mariage des mineur(e)s. Celui-ci permet actuellement la tutelle de la famille, de la religion ou de l'État sur les époux, en particulier la femme, qui peut être épousée bien avant l'âge de sa majorité civile. Il est nécessaire, selon moi, de reculer l'âge du mariage légal ou d'avancer celui de la majorité civile et de ne pas permettre que le mariage fonctionne comme une institution, en fait, incivile, c'est-à-dire sans engagement juridiquement responsable des deux époux.

Ces droits permettraient de sortir de la simple sanction pénale et d'entrer dans la légalité civile en ce qui concerne les droits des femmes. Je pense, par exemple, aux procès contre le viol, l'inceste, contre la prostitution involontaire, la pornographie, etc., procès qui se jouent toujours en vue de l'application d'un châtiment au coupable et non en fonction de la garantie par la société civile de droits positifs appropriés aux femmes. Or il n'est souhaitable, ni pour les femmes ni pour les relations entre les sexes, que les femmes lésées soient mises en position de simples accusatrices. Si des droits civils existent pour les femmes, c'est la société tout entière qui sera lésée en cas de viol ou toutes formes de violences infligées aux femmes ; c'est elle qui sera donc plaignante ou co-plaignante contre le dommage causé à une des personnes qui la composent.

• Le droit à la *maternité* comme composante (non prioritaire) de l'identité féminine. Si le corps est enjeu du droit, et il l'est, le corps féminin doit être identifié civilement comme vierge et potentiellement mère. Cela signifie que la mère disposera d'un droit civil à choisir d'être enceinte et le nombre de ses grossesses. C'est elle-même, ou un(e) fondé(e) de pouvoir par elle, qui inscrira la naissance de l'enfant dans les registres de l'état civil.

3. Les devoirs mutuels mères-enfants seront définis dans le Code. Ceci pour que la mère puisse protéger ses enfants et en être assistée selon la loi. Cela lui permettra d'être plaignante au nom de la société civile en cas d'incestes, de viols, coups, rapts concernant les enfants, en particulier les filles. Les devoirs respectifs de la mère et du père feront l'objet d'une inscription différente.

4. Les femmes auront un droit civil à défendre leur vie et celle de leurs enfants, leurs lieux d'habitation, leurs traditions, leur religion contre toute décision unilatérale venant du droit masculin (y compris en ce qui concerne les armements et la pollution).

5. Au strict niveau financier :
• Le célibat ne sera pas pénalisé par la fiscalité ni aucune autre charge.

• Si l'État veut donner des allocations familiales, elles seront égales pour chaque enfant.

• Les médias, comme la télévision, pour lesquels les femmes paient les mêmes taxes que les hommes, leur seront adaptés par moitié.

6. Les systèmes d'échanges, linguistiques par exemple, seront remaniés pour assurer un droit à l'échange équivalent pour femmes et hommes.

7. Les femmes seront représentées à égalité dans tous les lieux de décisions civiles ou religieuses, la religion représentant aussi un pouvoir civil.

C. L. – Certaines femmes ont théorisé leur extériorité et étrangeté par rapport au droit, leur absence d'intérêt pour ces sujets. Qu'en penses-tu ?

L. I. – Cette position me semble mal analyser les conditions actuelles de reconnaissance de l'identité féminine. Mais je peux comprendre que les femmes – prises en charge par les hommes-citoyens (qui utilisent généralement le droit de manière étrangère aux intérêts féminins) et non citoyennes à part entière – oublient cette dimension essentielle de l'organisation sociale. Je le comprends d'autant mieux que, à l'époque où le droit féminin existait, il n'était généralement pas écrit et il s'exerçait sans le poids des institutions qui ont proliféré sous les régimes patriarcaux. Mais ce droit féminin a existé. L'époque où les femmes géraient l'ordre social ne se réduit pas au chaos comme cela se dit. Le droit féminin se caractérisait entre autres par :

- la transmission des biens et des noms entre mères et filles ;
- le privilège des sœurs et du dernier-né dans une transmission plus tardive ;
- l'importance de la divinité et du religieux dans la filiation ;
- la désignation du pays natal comme *matrie* ;
- le respect des lieux et des divinités locales ;
- le respect de la nourriture produite par la nature : fruits d'abord, ensuite céréales ;
- une temporalité respectueuse des rythmes de la vie, du cycle de la lumière, des saisons et des années ;
- une moralité élevée fondée sur l'amour et la paix ;
- une communauté entre tous les membres du genre humain ;
- l'arbitrage confié aux femmes en matière d'alliances et de résolution des conflits ;
- des systèmes symboliques liés à l'art.

De ces éléments du droit féminin, il est possible de trouver des traces dans les travaux de Johann Jacob Bachofen mais aussi dans ce que Mircea Eliade décrit des cultures aborigènes encore existantes en Inde, par exemple. Ces références sont loin d'être exclusives. Elles peuvent orienter les recherches, y compris par leurs bibliographies. Je les choisis partiellement à dessein d'hommes afin d'indiquer la reconnaissance de cette réalité par des théoriciens masculins.

Pour faire respecter aujourd'hui ces droits, qui me semblent correspondre à la subjectivité féminine, il faut en repasser par la loi écrite. Sinon celle-ci continue à s'exercer au détriment des filles, qui y sont aliénées dès leur naissance et par leurs généalogies. De plus, il me paraît souhaitable que les femmes créent un ordre social dans lequel pourra se déployer leur subjectivité avec ses symboles, ses images, ses réalités et rêves, donc avec des moyens objectifs d'échanges subjectifs.

C. L. — J'aimerais terminer cet entretien en te demandant des conseils à donner aux femmes (et aux hommes aussi) qui s'intéressent au droit.

L. I. — Assurer en priorité la sauvegarde de la nature en tant qu'elle est le lieu qui permet à chacun(e) de vivre et de se nourrir de son travail sans médiations spéculatrices et aliénantes.

— Définir les droits élémentaires concernant la vie de chacun(e) : femmes et hommes, filles et garçons, mères et pères, citoyennes et citoyens, travailleuses et travailleurs, etc. en commençant par femmes et hommes ou, du moins, en gardant cette différence comme horizon si la stratégie contraint à d'autres priorités.

— Réduire les droits des groupes et des sociétés gouvernés par une ou quelques personnes, la démocratie elle-même n'existant pas encore au sens où elle est invoquée et son principe demandant à être questionné, notamment à la lumière de l'époque et de la manière dont elle a été définie et mise en place par les seuls hommes.

— Redéfinir et revaloriser un droit fiable

concernant l'habitation, voire la propriété privée. Femmes, hommes et enfants ont besoin d'un lieu où habiter sans être floué(e)s dans cette nécessité, ce désir, cet investissement légitimes, par la pollution de l'environnement (voitures, avions, machines bruyantes, etc.), l'insécurité ou les défauts des constructions, les licences concernant la construction d'un environnement déclaré d'abord inconstructible, donc la privation de lumière, d'air, de calme, pour les habitants plus anciens contraints au semi-nomadisme par manque de protection juridique en matière de biens immobiliers.

— Réduire le pouvoir de l'argent, en particulier de la plus-value corrélée aux caprices du désir des riches ou des moins riches (ainsi les agents de l'immobilier en arrivent-ils à spéculer sur la déréliction humaine en faisant croire qu'une surface habitable plus petite peut coûter plus cher puisqu'elle est désirée par les acheteurs en mal de renidification, mais les promoteurs savent très bien qu'il n'en est rien), et revenir à des échanges valables du point de vue des prix des produits et du choix des moyens de production (ce qui signifie revenir à des moyens de production plus naturels sans accélération ni sur-production concernant la terre, le soleil, l'air, les océans, mais aussi les corps humains).

— Se questionner sur les origines du droit actuellement en vigueur, en particulier en relation avec le temps où les femmes étaient réellement des personnes civiles, temps qualifié abusivement Préhistoire. Ceci amènera à s'interroger sur ce qui doit être modifié dans la juridiction actuelle et à questionner les notions de civil et religieux comme assimilables ou différenciées et garantissant des choix libres.

Mars 1988.

« PLUS FEMMES QU'HOMMES [1] »

J'apprécie la sincérité de ton intervention dans le texte, « Le penseur neutre était une femme » [2], et le fait que tu t'y mettes personnellement en question. Je pense que tu feras comprendre à beaucoup de femmes comment elles se comportent à leur insu. Cela montre que ce que tu décris comme tien — ton parcours comme « neutre » et ta conversion au féminin — n'est pas seulement tien mais l'histoire d'un certain nombre de femmes dans notre culture. Ta prise de conscience et son récit public feront que la position de « neutre » ne pourra plus être aussi autoritairement affirmée comme la méthode de la libération des femmes. Donc, avec toi, je peux et je veux aller un peu plus loin puisqu'il y a des choses clairement posées entre nous : nous devons par nécessité être des sujets sexués féminins. C'est aussi une question éthique par rapport aux autres femmes, mères et sœurs, naturelles et spirituelles. A partir de

1. Manifeste publié par la Librairie des femmes de Milan — groupe auquel appartient Luisa Muraro — dans *Sottosopra vert*, 1985.
2. Cf. *Le sexe linguistique*, *op. cit.*

cette nécessité, non seulement empirique mais choisie pour devenir subjectivement femmes, je souhaite te poser quelques questions sur certaines de tes affirmations présentes dans ce texte ou dans d'autres de tes interventions publiques.

Luce IRIGARAY. — Tu as revendiqué, avec un certain nombre de femmes, le droit à la « verticalité » dans l'identité féminine. Peux-tu commenter le sens de cette exigence afin qu'elle ne soit pas confondue avec l'interprétation souvent attribuée à ce mot dans les cultures phallocratiques ? En d'autres termes, peux-tu, selon certains passages de ton texte, expliquer que ce mot signifie pour toi :

a) le droit à son devenir généalogique pour une femme, droit qui t'a été enlevé, expliques-tu, ce qui a entraîné à la fois ta propre détresse et une injustice involontaire de ta part vis-à-vis de ta mère et des autres femmes ?

b) le droit à un devenir spirituel propre pour les femmes, droit qui s'harmonise avec leur corps sexué au lieu de le nier au nom d'une vérité prétendument universelle et neutre ?

Dit autrement, peux-tu expliquer comment à ton avis — et au mien... — l'enjeu de la libération des femmes n'est pas de devenir les « super-nanas » ou « super-women » d'une culture qui les exploite de nos jours de cette manière, mais de découvrir une identité irréductible à la maternité, au « faire comme les hommes » ou comme de bonnes petites machines performantes ?

Luisa Muraro. – L'idée d'une dimension nécessaire de verticalité vient de Carla Lonzi [3] (qui parle, précisément, de transcendance féminine), des *Cahiers* de Simone Weil et de ton *Éthique de la différence sexuelle.* La signification phallique de la verticalité nous fait trop souvent oublier que la verticale est aussi la direction de l'énergie solaire, de la force de gravité, tout comme de celle de la sève et de la vie végétale en général. Il s'agit, bien sûr, d'un langage partiellement figuré dont je trouve la double signification souvent exprimée dans ce que tu dis. Comme d'autres femmes, comme chaque autre femme peut-être, je suis venue au monde avec le désir de devenir « grande », ce qui voulait dire adulte, certes, mais pas seulement. Et j'ai trouvé une société où toute idée de grandeur, maturation physiologique à part, semblait appartenir à l'autre sexe. Ceci m'a jetée dans la *confusion* à la fois par rapport à mes désirs et par rapport à mon identité féminine. Je ne réussissais pas à mener de pair celle-ci et ceux-là, et encore moins à faire en sorte qu'ils se fécondent entre eux.

A présent, je travaille pour qu'existe cette circularité enrichissante entre l'identité féminine et les désirs qu'une femme peut avoir. Je travaille pour une société où, par exemple, l'amour féminin de la connaissance ait un sens très élevé et très concret à la fois. Or, ceci va au-delà du minimum de libération dont nous considérons acquis que chaque femme le désire

---

3. Italienne ayant écrit notamment l'essai : *Sputtiamo su Hegel.*

pour soi. Je veux pour moi et pour les autres une liberté enracinée dans l'identité de mon genre, que beaucoup de femmes ne cherchent peut-être plus ou n'ont jamais cherchée. Il faut se le dire clairement.

L. I. – Dans la façon qu'a eu le manifeste Sottosopra *vert (Milan, 1985) de définir l'aise comme un but de libération pour les femmes, il me semble qu'il y avait à la fois quelque chose de pertinent mais aussi un coup de force et une naïveté :*

a) Dans la société, il y a toujours des compromis à faire. Elle est rarement un lieu d'aise. Être ensemble exige du respect et des attentions réciproques.

b) Les femmes ne peuvent pas être à l'aise sans mutations de la langue et des systèmes de représentations parce qu'ils sont appropriés à la subjectivité des hommes, à « l'aise » de l'entre-hommes. En te posant ces questions, je ne veux évidemment pas anéantir votre démarche qui a eu le mérite de rendre courage à beaucoup de femmes. Je veux t'inviter, nous inviter, à continuer nos efforts en comprenant que les femmes ne peuvent obtenir l'aise sociale sans changements des moyens culturels que sont la langue et les images (plus ou moins concrètes). Pour que les femmes soient respectées par la société mais aussi pour qu'elles se respectent entre elles, il est nécessaire que les contextes linguistiques et représentatifs leur donnent des médiations et des droits subjectifs équivalents à ceux des hommes.

Sinon elles sont à la fois subordonnées à l'iden-
tité masculine, y compris dans ce qu'elles ima-
ginent pour un moment leur aise, et elles
empiètent sans cesse l'une sur l'autre à défaut de
subjectivité propre. Je pense que tu seras
d'accord avec moi sur la nécessité de ces muta-
tions. Peux-tu indiquer comment tu commences à
les réaliser dès maintenant dans ton enseigne-
ment à l'université ?

L. M. — L'aise, l'être au monde avec aise, au
sens que lui donne *Sottosopra vert*, veut dire :
être au monde, non plus en étrangères ou en
servantes, mais en tant que femmes (*donne,*
dominae : dames, maîtresses) chez elles et en
elles-mêmes. Pour arriver à cette maîtrise, sans
la fonder sur des moyens de domination comme
l'argent ou les armes, des changements, surtout
au niveau symbolique, sont nécessaires, comme
tu l'as souligné.

La nécessité de ces changements ressort en
négatif de cette simple constatation : après vingt
ans de mouvement de libération des femmes
toujours vivace, son interprétation fréquente
demeure celle qui le fait correspondre à la
volonté des femmes de devenir les égales de
l'homme. Cette représentation est fausse. Mais
elle est *vraisemblable*, en ce qu'elle s'accorde
avec des paradigmes dominants dans tous les
champs : de la politique où se fomentent à
présent les projets de l'« égalité des chances » à
la religion où le sacerdoce féminin est entendu,
par ceux qui s'y opposent et par ceux qui le sou-

haitent, comme un droit revendiqué par les femmes vis-à-vis des hommes et non comme un besoin social de médiations féminines auquel certaines femmes se sentent appelées à répondre sous la forme du ministère religieux.

Je travaille aux changements dont tu parles en combattant cette déformation systématique de la volonté féminine. Je ne la combats pas quand elle est l'œuvre des hommes; je préfère laisser cette tâche à d'autres, hommes ou femmes. Je suis plus à même de la combattre quand elle couve dans le cerveau (l'esprit?) féminin (le langage que j'utilise est à dessein belliqueux). Il arrive, en effet, que la pensée de la différence éveille dans l'esprit féminin une sorte de guerre croisée entre le désir de liberté et la peur du conflit avec l'homme, entre le désir de se détacher de l'homme et la peur de l'autonomie. Les moyens que j'emploie dans cette lutte, ceux qui me conviennent le plus, ne sont pas les opérations directes sur la langue et sur les systèmes symboliques en général, opérations que je soutiens parce que je les juge positivement. Mes moyens préférés sont les pratiques sociales capables de donner de la force aux femmes, comme l'*affidamento* [4], la pratique de la disparité, les communautés féminines séparées, l'homosexualité. A l'université, je travaille dans cette direction qui est celle de produire toute la force nécessaire pour vaincre le

---

4. Rapport de confiance entre deux femmes où la plus jeune demande à l'aînée de l'aider à obtenir une chose qu'elle souhaite.

vraisemblable afin de pouvoir connaître et dire le vrai.

L. I. — La libération des femmes oblige donc à un nouveau pas décisif et passionnant : l'interprétation de la culture comme moyen de production, libérant ou oppressant et exploitant. Es-tu d'accord avec cette analyse politique ? L'enjeu est donc, pour nous, différent d'un horizon d'égalité dans la seule possession de biens matériels. Ce qui est à acquérir concerne aussi la justice et le bien-être spirituels. Qu'en penses-tu ? A part ton enseignement, peux-tu indiquer d'autres moyens pour toi de faire advenir cette nouvelle Histoire où économie au sens strict et économie culturelle ne seront plus dissociées ?

L. M. — Tu me proposes un thème trop vaste et trop passionnant pour le peu de place dont nous disposons ici. Sur cette voie, nous avons été précédées par Simone Weil, tu le sais. Personne jusqu'ici, que je sache, ne s'est interrogé aussi profondément qu'elle sur la manière de relier économie matérielle et économie des biens spirituels. Parmi ceux qui nous ont précédées, je crois que nous devons mettre aussi Enrico Berlinguer, qui avait proposé il y a des années (mais sans succès) un tournant politique allant justement dans le sens que tu indiques.

Nous pouvons, nous devons reprendre le fil de cette recherche. Nous avons pour nous quelque chose de plus : le mouvement politique des femmes. La politique des femmes a en soi cer-

tains éléments de dépassement de l'économisme, comme le renforcement de la subjectivité,
l'attention aux différences qualitatives, la reconnaissance de l'importance du symbolique. En
outre, il y a une expérience féminine qui se
trouve hors des schémas de l'économisme et qui
pourrait nous servir, à condition, bien entendu,
de se transformer de l'intérieur en savoir et en
compétence sociale.

A la dernière question, sur les moyens, je ne
réponds pas parce que je veux encore y réfléchir.

Janvier 1988.

Comment définir la santé des femmes ? Presque rien, dans la société actuelle, ne leur permet d'être *sujets sexués féminins*... Quelle est donc la définition possible de leur équilibre ? Elles sont souvent un peu malades ? Peut-être. Comment ne pas l'être quand il n'y a pas de lieux d'affirmation de soi comme *je*, mais que, par contre, il faut supporter les affirmations des autres continûment : en discours, en images, en actes, notamment en utilisation marchande de soi. Si nos sociétés n'exigent plus, en général, que les filles soient dotées, les corps féminins n'en sont pas moins vendus sur le marché de l'art, de l'industrie, de la publicité, des médias, avec la caution des États et le silence des instances morales et religieuses sur ce commerce.

Il y a une autre question très difficile à résoudre en ce qui concerne la santé féminine. Comment départager la souffrance naturelle qu'une femme vit dans l'accouchement des souffrances artificielles que la société lui impose ? Je pense que la plupart des femmes vivent encore seules leur accouchement [1], que personne ne leur permet

---

1. Sans parler de leur défloration, et de la plupart des rapports sexuels, tenus plus secrets encore et qui représentent pour beaucoup de femmes une épreuve physique et spirituelle à cause d'un manque de culture de la sexualité.

d'en parler comme *sujets* mais que, par contre, elles sont toujours valorisées comme *mères*, donc comme ayant souffert. Elles sont identifiées comme telles et elles transmettent cette identité tolérée comme un talion : pour être femme, il faut souffrir.

DEVENIR FEMME, SANS SOUFFRIR.

Toutes les mères sont un peu méchantes, me disait récemment une jeune amie italienne, effrayée et blessée dans la collaboration avec des femmes plus âgées, presque toutes mères. Il y a de la vérité dans cette confidence. Je n'appellerai pas cela phallocratie ; ce qui autorise, encore une fois, l'indifférenciation sexuelle par l'adaptation des modèles masculins aux femmes. Je pense qu'il s'agit des effets du droit à l'existence accordé par la société aux femmes qui ont souffert l'enfantement. Du côté des femmes, cela m'apparaît comme le non-retour d'une épreuve. Les femmes n'en reviennent pas de ce voyage, du moins la plupart. Elles le font payer aux autres, comme des initiées un peu ou beaucoup traumatisées. Les femmes ne se rencontrent d'ailleurs, le plus souvent, qu'autour de paroles concernant leurs enfants, et filles et mères ne se retrouvent, dans nos cultures, que passée cette épreuve de l'entrée dans le clan des mères.

Certes, la maternité apporte beaucoup de bonheur aux femmes. Celui-ci suppose une douleur, qui est reconnue comme une des plus grandes souffrances physiques tolérables. Si elle devient la seule norme du devenir femme, la souffrance de l'accouchement justifie la souffrance dans les relations amoureuses, la souffrance morale des femmes, etc. Tout cela avec la caution de leur « masochisme » et de leur capacité à endurer. A vrai dire, la culture actuelle ne leur laisse pas encore beaucoup d'autres solutions. Le masochiste est celui qui retourne l'agression destinée à l'autre contre lui-même. Faudrait-il que les femmes agressent à leur tour ?

Mais cette appellation, d'origine masculine, leur convient-elle ? Ou ce qui est à penser serait-il une autre identité féminine où les souffrances et joies de la maternité ne restent plus le critère d'identification ?

Souffrir pour enfanter est relativement bien toléré par les femmes si elles l'ont choisi et si une ou d'autres femmes les aident à parler de cette expérience, à plusieurs titres difficile. Mais, si la maternité est imposée comme un destin inéluctable, la suite de quelque « faute originelle », cela devient une intolérable injustice vis-à-vis des femmes : la privation de leurs droits subjectifs.

Cette dimension quasi exclusive de la maternité pour définir la femme adulte entraîne un retentissement excessif des découvertes en matière de procréation artificielle. Trop de bruit, trop d'argent circulent autour de cette question. Notre temps a bien d'autres problèmes à résoudre, en particulier en ce qui concerne le statut des femmes, que celui d'un enfant de plus pour un couple stérile. Que celles et ceux qui souffrent de cette épreuve me pardonnent! Il y a beaucoup d'enfants qui cherchent des parents naturels ou spirituels. Si enfanter est un acte généreux, voilà une occasion de le montrer.

Certes la procréation artificielle pose bon nombre d'interrogations scientifiques et éthiques. A ce titre, elle ne peut laisser indifférent(e). Et elle a parfois le mérite de faire apparaître que la stérilité n'est pas seulement une affaire de femmes, comme cela s'est cru longtemps et se croit encore. Je pense aussi que, parmi d'autres enjeux, les savants y pressentent, consciemment ou non, une façon de surmonter le dieu créateur, tandis que certaines femmes y voient une manière de se débarrasser des hommes. Toutes ces opérations de destructuration d'un modèle social sont menées trop vite, sans lucidité et sans affirmation ni mise en place de valeurs meilleures. Elles se fomentent aussi sur le dos de ces chers petits ou petites qui ont surtout besoin de naître dans un monde habitable. Améliorer l'ambiance de vie naturelle et spirituelle pour gérer raisonnablement la procréation ne serait pas un mal aujourd'hui! S'interroger sur la vie future des enfants conçus plutôt que se mettre aveuglément sous le joug de l'enfantement me semble une tâche spirituelle de notre époque. Apprendre à s'aimer soi, son sexe, l'autre sexe, leurs créations spécifiques ou communes, ne serait-ce pas le minimum pour accéder à un peu de sens social ici et maintenant?

L'école, depuis peu, enseigne aux adolescent(e)s la sexualité sur le mode d'une procréation de laboratoire qui dégoûte ces futur(e)s amant(e)s de l'amour et d'eux-mêmes. Quand leur apprendra-t-on l'amour justement ? Ce qui ne peut se réduire à l'analyse d'un appareil génital reproducteur mais qui concerne les affects entre deux personnes, au moins. A quand les cours de littérature du type : lettre à mon fiancé ou à ma fiancée ? Ou les cours de dessin faisant apparaître la silhouette ou le visage de l'amant(e) rêvé(e) ? Ou encore : les expositions, à l'école, de photos de filles ou garçons proches et aimables ou aimé(e)s ? L'amour demande peut-être du secret mais il a également besoin de sociabilité et de culture pour durer et se développer. A quand donc l'apprentissage civique de mots et d'images qui permettent et assistent l'amour ? Cela serait tellement simple à réaliser et demanderait si peu d'argent ! Il s'agit d'un progrès nécessaire dans la croissance de l'ordre humain, progrès dont les femmes et les enfants adolescents ont particulièrement besoin dans la mesure où il leur a été séculairement interdit. Mais les hommes aussi en ont besoin, et chacune et chacun peuvent contribuer – en petit ou en grand – à cette mutation sociale où les pulsions de vie auraient plus de chances que les pulsions de mort, pour reprendre la terminologie de Freud et de Marcuse.

Je pense que la santé des femmes souffre avant

tout d'un manque d'affirmation d'elles et d'une interdite ou impossible définition d'elles comme sujets et objets par et pour elles-mêmes. Elles sont privées d'un ordre subjectif pour unifier leur vitalité corporelle. Un corps ne peut être sain qu'avec un projet ou objectif personnel, spirituel, qui l'organise et l'anime. Sans cette dimension, il est forcément malade, multi-malade, désorganisé, sans solution médicale valable. Le recours à la thérapeutique exclusivement somatique risque même de lui faire perdre encore un peu de ses chances de réelle guérison.

Pour être en bonne santé, les femmes ont besoin de découvrir elles-mêmes les caractères de leur identité sexuée. Elles ont besoin aussi de réciprocité dans la différence sexuelle, qu'il s'agisse d'amour, de culture, de société, de politique. L'humanité est composée de deux identités subjectives différentes et de leurs objets ou objectifs propres. Il est profondément pathologique et pathogène que les droits subjectifs et objectifs soient aussi inégalement répartis. C'est une initiation subjective qui peut aider les femmes à s'en « guérir ». Cela demande au moins : la compréhension de l'ampleur de la question, de l'amitié et du respect mutuels pour tenter de la résoudre, une information culturelle rigoureuse, le recours à l'aide thérapeutique psychologique parfois. D'où la nécessité de la formation de thérapeutes possibles pour les femmes !

Février 1988.

Souvent, en regardant des œuvres de femmes, j'ai été attristée par le déchirement qu'elles exprimaient, déchirement allant jusqu'à l'horreur.

J'aurais aimé contempler la beauté créée par des femmes, je me trouvais devant la détresse, la souffrance, l'énervement, parfois la laideur. L'art, que j'attendais comme un moment de bonheur, de repos, de réparation de la dispersion de la vie quotidienne, d'unification et de communication ou communion, devenait l'occasion d'une douleur ou d'un fardeau supplémentaires.

Je me suis demandé les raisons de ces exhibitions torturées et torturantes de la part des femmes, que je crois tout à fait capables de créer de la beauté. J'ai songé à quelques-unes. Je voudrais les exprimer pour permettre aux femmes d'extérioriser dans leurs œuvres la beauté, les beautés, dont elles sont capables.

1. Parmi ces femmes, je suis. Et, si j'évite d'écrire et de montrer des choses laides, il m'arrive souvent d'exposer des réalités douloureuses. Je les expose autant que je peux dans une belle écriture, ce qui estompe, j'espère, l'effet de déréliction que ces révélations peuvent produire. Je m'efforce également de découvrir ou de définir

du positif en même temps que j'énonce du négatif. Cela m'est d'ailleurs reproché, entre autres par les femmes, qui ont tendance à ne se reconnaître que dans leur(s) défaut(s), leur(s) manque(s).

Personnellement, je regrette plutôt d'exposer du négatif mais ce geste, du point de vue féminin, a un enjeu nécessaire et positif dans la mesure où il révèle ce qui devait rester caché.

La mise au jour de la souffrance est donc, de la part des femmes, un acte de vérité. Il correspond également à une opération cathartique, individuelle et collective. Les femmes, obligées à taire ce qu'elles vivaient, l'ont transformé en symptômes physiques, en mutisme, en paralysies, etc. Oser manifester publiquement les douleurs individuelles et collectives a un effet thérapeutique qui permet de soulager le corps et d'accéder à un autre temps. Ce n'est pas automatique mais il en va peut-être ainsi pour certaines femmes, pour le peuple des femmes. Le déchirement manifeste dans les œuvres des femmes ne serait pas sans rapport avec ces personnages masqués, soumis au destin, des tragédies grecques. Les uns seraient survêtus, notamment en femmes ; celles-ci seraient trop dépouillées, dénudées. Elles n'auraient même plus leur peau intacte pour les garder corporellement entières, même plus l'amour de leur mère pour protéger leur identité de filles, de vierges.

2. En tant que femmes, nous engendrons des enfants. Et y a-t-il plus extraordinaire mise au jour que celle du vivant : corporel et spirituel ? Cette création, qui nous est réservée, est tellement

merveilleuse que toute autre œuvre peut apparaître secondaire, y compris l'éducation des enfants eux-mêmes. Mais cette œuvre prodigieuse des femmes a été transformée en devoir de procréer, en particulier des enfants garçons. Les plus grandes créatrices de l'univers, les femmes, sont donc devenues des servantes au service de la reproduction de l'ordre social masculin. De la gloire de leur chef-d'œuvre, elles ne gardent souvent que la douleur du « travail » de l'enfantement et les fatigues du maternage. A cela s'ajoute que l'ordre culturel patriarcal les a réduites à ce qui se désigne comme procréation en leur interdisant ou en leur rendant impossible toute création. Au niveau de l'enfantement, il y aurait de nos jours une confusion entre la beauté de l'œuvre et la définition de celle-ci à l'intérieur d'une civilisation de l'entre-hommes où les femmes n'ont plus un droit reconnu à l'engendrement de valeurs spirituelles.

3. Femmes, nous avons donc été enfermées dans un ordre de formes qui ne nous conviennent pas. Pour exister, il nous est nécessaire de briser ces formes. Ce geste de libération de normes imposées peut aboutir à différents résultats.

• Soit, voulant déshabiller notre corps et notre esprit de ce qui les oppresse, nous nous détruisons aussi. Au lieu de nous donner une seconde naissance, nous nous anéantissons nous-mêmes.

• Soit, brisant nos prisons formelles, nos carcans, nous découvrons ce qui nous reste de chair. La couleur m'apparaît comme ce qui subsiste de la vie au-delà des formes, au-delà de la vérité ou des croyances, au-delà des joies et douleurs apprises. La couleur exprime aussi notre nature sexuée, cette dimension irréductible de notre incarnation (cf. « Les couleurs de la chair » dans *Sexes et parentés, op. cit.*). Quand tout nous est enlevé concernant le sens, il nous reste la couleur, les couleurs, en particulier celles correspondant à notre sexe. Non pas la grisaille du neutre non vivant ou problématiquement vivant (celui des pierres, par exemple) mais les couleurs dont nous sommes porteuses du fait que nous sommes femmes. Les couleurs sont aussi présentes dans la nature − notamment végétale − et elles y expriment la vie, son devenir et son évolution selon les jours, les saisons, les années. Dans ce monde qui nous environne, elles disent aussi le sexué de la vie.

• Soit, enfin, en détruisant les formes déjà codées, les femmes redécouvrent leur nature, leur identité, et elles peuvent trouver leurs formes, s'épanouir selon ce qu'elles sont. Ces formes féminines sont d'ailleurs toujours inachevées, en perpétuelle croissance, car la femme grandit, s'épanouit et (se) féconde en demeurant dans son propre corps. Mais elle ne peut se réduire à une unique fleur, selon l'image masculine de la virginité. Selon sa virginité à elle, elle n'est jamais accomplie dans une forme. Elle devient sans cesse, elle « fleurit » encore et encore, si elle garde l'intimité avec elle-même et le monde vivant.

4. Les cultures de l'entre-hommes nous ont-privées de l'expression du sens à travers les images, ce qui correspond pour une grande part à notre génie féminin et maternel. L'enfant qu'engendre une femme est visible comme une multitude d'images en mouvement et en évolution. Il n'est pas un signe abstrait ni arbitraire. Pour nous femmes, le sens reste concret, proche, lié au naturel, aux formes perceptibles. Il évolue aussi comme nos corps, ceux de nos enfants, de nos partenaires en amour, ceux appartenant au monde vivant. Au moment de l'Histoire – appelée très conventionnellement Préhistoire – où les femmes participaient à la vie civile et religieuse, les signes de l'écriture étaient encore partiellement figuratifs, non abstraits, arbitraires, fiduciaires. Ces époques représentent les femmes comme déesses, non seulement comme déesses-mères – les seules que tolèrent les époques postérieures – mais déesses-femmes. Cela se marque notamment dans le fait que les déesses-femmes sont belles, fines de stature, et que leur sexe est marqué par un triangle (comme pour les déesses-mères) où les lèvres sont inscrites ; ce qui s'effacera par la suite. Leur divinité ne correspond pas au fait qu'elles peuvent être mères mais à leur identité féminine, dont l'entr'ouverture des lèvres est un lieu d'expression décisif.

La perte de la représentation divine a entraîné, pour les femmes, une déréliction d'autant plus grande que la représentation sensible est notre mode de figuration et de communication privilégié. Elle nous a laissées sans moyen de nous désigner, de nous exprimer nous-mêmes et entre nous. Elle a aussi séparé mères et filles, privées de médiations d'échanges dans le respect mutuel. Elle les a soumises à un ordre de reproduction – naturel et spirituel – géré symboliquement par les hommes.

Il me semble que nous pouvons et devons retrouver l'originalité de nos œuvres. Elles sont particulièrement indispensables en ce qui concerne la création de représentations sensibles de nous-mêmes, de notre monde, de relations horizontales et verticales entre nous. Cette création correspond certainement aussi à ce dont l'univers de notre temps, gris, abstrait et déchiré, a besoin. Même s'il résiste à reconnaître notre œuvre comme nécessaire, nous pouvons et devons l'accomplir comme une contribution de femmes et de mères à la vie non seulement naturelle mais spirituelle du monde. Dans cette intention, la beauté de nos œuvres est un support qui permet de passer de la nature à l'esprit, tout en demeurant nature. N'est-ce pas là que se situe notre génie?

Mars 1988.

Quel âge as-tu ? Cette question semble redoutable dans nos cultures où l'âge signifie le vieillissement. Avancer en âge, c'est avoir une année de plus. Donc, à part les quelques années de croissance, il s'agit toujours de vieillir par accumulation d'années, mais aussi par multiplication de déchets ou déchéances organiques.

Quel âge as-tu ? est quasiment une question à ne jamais poser à une femme, par exemple, sous peine de l'offenser. En effet, elle ne serait aimable ou désirable que dans ses années de jeunesse, ou, pour un autre motif, de possible maternité.

Comment entendre cette conception de l'âge ? Il y manque au moins deux dimensions :

1) La relation de l'âge que j'ai avec le temps de l'univers. Une année de ma vie représente un printemps, un été, un automne, un hiver. Durant ces saisons, il se passe beaucoup de choses non réductibles à *un(e)*. Ni les jours, ni les saisons, ni les années ne se ressemblent. Et leur progression ne peut se confondre avec une addition. Si vous regardez un arbre, vous verrez que, en un an, sa forme aura changé, pas forcément en dépérissement mais aussi en croissance : grandeur, nombre de branches, etc. Les humains auraient,

137

en plus du végétatif, de la conscience. Leur grandeur, leur accroissement pourraient être également spirituels. Aidés par les saisons, ils réaliseraient, chaque année, un devenir nouveau, en continuité avec, mais différent de, celui de l'année précédente. Avoir un an de plus signifierait alors être un peu plus en chemin dans la voie de son devenir.

Évidemment, le fait de vivre dans un paysage urbain nous entraîne à oublier cette mesure du temps que représente le monde végétal. En ville, les horaires des journées varient peu selon les saisons. A part les dimanches et les vacances, les rythmes urbains demeurent sensiblement les mêmes toute l'année. De plus, l'usage des produits industrialisés ou d'exportation comme nourriture contribue aussi à nous faire oublier la temporalité des jours, des saisons, des années. En ce sens, un an = 365 ou 366 jours et avoir un an de plus revient à cumuler une répétition d'heures, de jours, d'années quasi semblables.

La répétition sans évolution fatigue, épuise, détériore. Chaque anniversaire marquerait une étape de ce devenir sans devenir, sinon une somme assez abstraite de faits plus ou moins dénués de sens et d'enchaînements. La clé de ces faits ne se trouverait plus dans l'individu qui fête son anniversaire. L'économie commerciale en détient une partie, subie le plus souvent par les individus, même s'ils y trouvent des plaisirs secondaires.

2) L'oubli que le temps de la vie d'une femme est particulièrement irréversible, et qu'il s'accorde

moins que celui de l'homme à l'économie répétitive, cumulative, entropique, pour une grande part non évolutive et annulante de notre environnement actuel. En effet, le rythme temporel de celui-ci s'accorde plus ou moins à un modèle traditionnel de sexualité masculine. Ce modèle n'est pas le seul possible mais il est devenu quasiment le seul dans nos cultures, et il est décrit par Freud comme l'unique modèle sexuel existant pour les deux sexes. Il fonctionne selon les deux principes de la thermodynamique : tension (par accumulation), décharge, retour à l'homéostasie.

La sexualité féminine ne correspond pas à la même économie. Elle est davantage apparentée au devenir, davantage liée au temps de l'univers.

Cela veut dire que la vie d'une femme ne peut se ramener à une série de faits ou d'actes qui s'additionnent ou s'annulent. La vie d'une femme est marquée par des événements irréversibles qui définissent les étapes de son âge. Ainsi en va-t-il de la puberté (phénomène existant aussi chez les garçons), de la défloration, de la conception, de la grossesse, de l'accouchement, de l'allaitement, ces événements pouvant se répéter sans répétition ; chaque fois, ils se présentent différemment : le corps et l'esprit ont changé, une évolution physique et spirituelle est en cours. Il y a aussi le maternage et l'éducation des jeunes enfants à laquelle la femme est davantage mêlée, ce qui la laisse en relations constantes avec les problèmes de croissance.

Pendant tout ce temps, la femme vit ses menstrues ou règles toujours liées à la temporalité cosmique, à la lune, au soleil, aux marées, aux saisons.

Enfin, la ménopause marque une autre étape dans le devenir du corps et de l'esprit féminins, étape qui se caractérise par un équilibre hormonal différent, un autre rapport au cosmique et au social. Ce qui est souvent défini comme la fin d'une vie de femme correspond aussi bien à l'accès pour elle au temps disponible pour la vie sociale, la vie culturelle, la vie politique.

L'anniversaire ne peut donc se réduire à un an de plus, en une sorte de somme sans progrès, sinon négatif. La chose est particulièrement vraie pour les femmes. Rien dans leur vie ne ressemble à une accumulation de 1 + 1 + 1... à moins qu'elles ne renoncent à leur nature. Elles sont – du fait de leur corps féminin – en perpétuelle croissance, y compris à la dernière partie de leur vie.

Subir l'âge comme un vieillissement revient à oublier cette chance d'être née femme, chance qui nous demande, certes, une élaboration spirituelle complexe, multiple. En effet, la spiritualité d'une petite fille ne correspond pas à celle d'une adolescente, ni à celle d'une amante, ni à celle d'une mère, ni à celle d'une femme de quarante-cinq ans et plus. Peut-être la complexité de ce devenir spirituel a-t-il entraîné une réduction abusive de l'identité féminine à la fonction de reproductrice de l'individu, de l'espèce et de la société. Ces réduction, simplification et annulation subjectives accompagnent un devenir culturel centré sur les échanges entre hommes, notamment économiques au sens restreint. Ils sont encouragés, du moins à notre époque, par les religions monothéistes.

Comment sortir de ces paralysie ou anéantissement subjectifs ? Comment garder et cultiver une identité féminine ?

Ce que j'ai découvert de plus nécessaire, pour soutenir le progrès spirituel dans ma vie de femme, peut se résumer ainsi :

• L'idée que je suis née femme mais que je dois devenir l'esprit ou l'âme de ce corps que je suis. Je dois épanouir mon corps féminin, lui donner des formes, des mots, la connaissance de lui-même, un équilibre, cosmique et social, dans les rapports avec l'environnement, des moyens d'échanges avec les autres et non seulement par des artifices de séduction qui ne lui sont pas appropriés.

• L'idée que la virginité et la maternité comportent une dimension spirituelle qui m'appartient. Ces dimensions ont été colonisées par la culture masculine : la virginité est devenue objet de commerce entre pères (ou frères) et maris, condition aussi de l'incarnation du divin masculin. Elle doit aujourd'hui se repenser comme bien des femmes, bien naturel et spirituel auquel elles ont droit et vis-à-vis duquel elles ont des responsabilités.

La virginité doit être redécouverte par toutes les femmes comme leur bien corporel et spirituel, ce qui peut leur redonner un statut d'identité individuelle et collective (et, entre autres, une fidélité possible dans le rapport à leur mère, qui échappe ainsi au commerce entre hommes). La maternité doit également se penser dans sa dimension spirituelle et non seulement matérielle. C'est peut-être plus facile à imaginer et pratiquer. Sauf entre mères et filles?

Les femmes doivent cultiver une double identité : vierges et mères. Ceci à chaque étape de leur vie. Car la virginité, pas plus que l'identité féminine, ne se reçoit simplement de naissance. Nous naissons vierges, sans doute. Nous avons aussi à le devenir, à délivrer nos corps et nos esprits d'entraves familiales, culturelles, etc. Devenir vierges signifierait, selon moi, la conquête du spirituel par les femmes. Il ne s'agit pas toujours d'acquérir quelque chose de plus mais aussi d'être capables de quelque chose de moins. Ainsi se sentir plus libres vis-à-vis de ses peurs, des fantasmes des autres, se dégager de savoirs, devoirs ou biens inutiles.

Une vie n'est pas de trop pour réaliser cette tâche! Avancer en âge peut nous y aider par franchissements d'étapes qui nous laissent plus libres pour veiller à l'accomplissement de notre identité.

Avril 1988.

S'il est beaucoup parlé de salaire du travail depuis quelques années, de sa juste ou suffisante rémunération, le contexte économique, au sens plus large, où s'applique le salaire est peu considéré. J'aborderai ici cette question dans l'horizon de la différence sexuelle, soit : quel rapport y a-t-il entre le langage et le travail au sens strict en ce qui concerne la différence des sexes ?

Il n'est plus besoin de rappeler, du moins je l'espère, que l'idéal « à travail égal, salaire égal » est loin d'être réalisé entre les hommes et les femmes, et que ce non-ajustement travail-salaire peut aller jusqu'à l'inversion des normes de rémunération, soit : à travail plus dur, plus long, meilleur, salaire inférieur. Une idéologie sexiste, le plus souvent inconsciente, pèse donc sur l'économie au sens strict. Elle est véhiculée par du langage. Elle n'est pas le seul fait de la nature, comme la naïveté culturelle veut le faire croire pour prolonger l'état des choses actuel. Ce sont les schémas sociaux de division du travail qui continuent à s'exercer sous un économisme apparemment pur. Aux femmes le travail de reproduction et le travail domestique impayés, aux hommes le travail de production rémunéré, sont des catégories encore à l'œuvre sous d'apparentes ou partielles évolutions sociales. Cette définition du travail comme approprié aux femmes ou aux hommes est loin d'être le fait d'une simple nature physique et, de plus, il n'y a pas de motif de sous-payer le travail d'un corps par rapport à celui d'un autre. Toutes les luttes antiracistes devraient nous avoir appris de telles vérités, même s'il est cruel pour les femmes d'en passer par cette démonstration pour se faire entendre. Mais le sexisme est le racisme le plus inconscient et il donne lieu à des multitudes de contradictions avant de se dévoiler. Ainsi :

— les hommes sont les créateurs et se veulent les gérants de la plus grande part de la culture actuelle ; ce sont néanmoins les femmes qui l'enseignent dans la majorité des cas parce que ce travail est assimilé à un travail maternel donc abandonné aux femmes et de ce fait sous-payé [1] ;

— si une femme représente une très bonne main-d'œuvre — comme on dit —, accepter qu'elle s'absente quelques mois pour accoucher d'un enfant ne coûte pas grand-chose à une entreprise au regard de son apport habituel, et son licenciement signifie un geste irrationnel économiquement ;

— l'alibi de la force physique comme argument de valorisation du salaire masculin peut se voir objecter beaucoup de réalités : la présence des femmes dans le secteur agricole où la force phy-

---

1. Cf. *Lettera di una professoressa*, document de la section féminine de la direction nationale du P.C.I.

sique est nécessaire, l'évolution des nécessités de la production vers un travail qui ne demande pas beaucoup de force physique, le type de travail réalisé par des femmes dans d'autres cultures que la nôtre.

Les exemples de l'irrationalité de la répartition travail-salaire sont nombreux, de plus en plus nombreux. Néanmoins cet irrationnel continue de s'exercer. Ce qui suppose l'utilisation d'une forme masquée de violence dans ce qui passe pour ordre social.

Ce poids ou coup de force idéologiques au sein de l'économie au sens strict interviennent dans les décisions suivantes :

1) Le recrutement pour un emploi de femmes et d'hommes; le taux de licenciement pour chaque sexe et les motifs invoqués, sans parler des réactions différentes des organismes syndicaux; le pourcentage de chômeurs, variable selon les sexes. Rien du point de vue rentabilité ou profit ne justifie, de la part d'un employeur, de tels critères de choix. La main-d'œuvre féminine est généralement plus consciencieuse et plus efficace. Elle boit moins, se drogue moins, est globalement moins susceptible de commettre des infractions relevant de sanctions pénales. Pourquoi un employeur choisit-il contre son profit?

2) Les postes accessibles aux femmes. Le fait d'être une femme freine la qualification professionnelle. Les femmes sont massivement dans les secteurs du travail peu ou moins qualifiés. Rares sont celles qui atteignent les plus hautes qualifications et certaines le paient très cher, soit

qu'elles acceptent de se prostituer de manière ou d'autre pour obtenir un poste élevé, soit qu'elles renoncent à leurs qualités de femmes pour être trouvées aptes à occuper telle ou telle fonction (en ce cas, ce n'est plus en tant que femmes qu'elles y ont accès).

3) La dévalorisation des secteurs professionnels occupés en majorité par des femmes et quel que soit leur intérêt pour la production ou reproduction sociales : secteurs agricoles, industriels, culturels.

A cela s'ajoutent d'autres questions importantes concernant le contexte du travail :

1) Les lois d'organisation du travail sont encore généralement déterminées par les hommes, aux femmes de s'y adapter. Or il est possible de montrer que ces lois sont autant liées au poids irréfléchi de valeurs culturelles qu'à des impératifs de production. L'exemple des horaires du temps de travail est particulièrement caractéristique d'une organisation en faveur d'une main-d'œuvre masculine disposant d'une femme à domicile, servante et gardienne des enfants. De même, sans parler des problèmes que pose la garde des enfants – jamais résolus par partage des tâches entre hommes et femmes –, les magasins d'alimentation, dans bon nombre de lieux, ouvrent aux heures où la femme travaille ; elle ne peut donc pas faire les courses. Autre exemple : les plombiers, électriciens travaillent aux mêmes heures que tout le monde et ont des horaires adaptés à la femme au foyer. Ou encore : certains secteurs de la production ont fixé des horaires de

travail de nuit. Certes, il est juste que les femmes y aient droit si elles le souhaitent et le chantage à la garde des enfants concerne autant les pères que les mères. Mais ce travail de nuit est-il vraiment utile au présent ou à l'avenir de l'humanité ou représente-t-il un problème de concurrence économique au fond très secondaire en regard des problèmes sociaux à résoudre, notamment en matière de différence des sexes [2]?

2) Les conceptions et décisions relatives à ce qui est à produire sont encore, elles aussi, le plus souvent soumises à l'autorité masculine. S'il est admis que toute personne a droit au travail en tant qu'élément de ses nécessités et de sa dignité humaines, pourquoi une partie de l'humanité devrait-elle se soumettre au choix de l'autre en ce qui regarde la nature de la production? Ainsi, produire des armes, entretenir ou aggraver la pollution, encombrer le marché de choses futiles sont rarement le résultat de décisions réelles des femmes. Leurs choix se portent davantage vers le maintien de la paix, la salubrité de l'ambiance, un niveau de biens correspondant aux nécessités de la vie, des options humanitaires. Les choix de groupes financiers, de blocs militaires, comme la volonté de suprématie d'une monnaie ou d'un pays sur l'autre, représentent des enjeux assez étrangers aux femmes. De même la prolifération de produits à fins concurrentielles signifie une compétitivité commerciale qui intéresse peu les

---

2. Sur ces questions, cf. les documents de travail des femmes du P.C.I. : *La carta itinerante* (1986), *Il tempo delle donne* (1988), *Le donne cambiano i tempi* (1990).

femmes. Cela ne veut pas dire qu'elles en sont incapables, notamment par mimétisme ou intoxication par la publicité, mais qu'elles préfèrent la production du nécessaire à chacun, chacune. Autre exemple : les choix des programmes de loisirs, et plus spécifiquement des médias, sont tributaires d'une culture de l'entre-hommes. Le sport masculin y occupe une grande place, et une chaîne de télévision n'hésite pas à changer un programme culturel destiné aux deux sexes pour un match de foot. Les femmes paient cependant les mêmes redevances que les hommes (ne parlons pas des milliards, prélevés sur les impôts des deux sexes, investis dans la construction de stades de toutes sortes) pour utiliser les programmes télévisés. Or ceux-ci ne leur sont pas adaptés. Par contre, les fantasmes des hommes sont comblés quotidiennement par des films militaires, violents, pornographiques qui n'intéressent en rien les femmes. Il y a donc décalage entre le prix coûtant et le produit proposé, y compris au niveau des services publics. Cette injustice économique au sens strict se double d'une politique entretenant l'illusion égalitariste. Cela veut dire que, de nos jours, dans les écoles, les médias, etc., les femmes entretiennent le discours de leur aliénation. Pour entrer dans les circuits du travail, elles enseignent, par exemple, que l'universel est masculin, que le genre masculin a plus de valeur, que l'Histoire comporte un pourcentage de grands hommes infiniment supérieur à celui des grandes femmes. Elles ne décident pas des programmes qu'elles respectent car elles n'occupent pas les postes de direction qui permettent de prendre de telles décisions. Mais, pour gagner leur vie, elles sont otages de l'économie et de la culture de l'entre-hommes qui n'a rien d'universel, sinon par effacement de la différence sexuelle. Les femmes, quand elles sont admises dans les circuits de la production sociale, travaillent donc dans des conditions qui ne respectent pas leurs personnes dans ses dimensions physiques et morales (le droit à la maternité, le droit à des horaires qui leur soient possibles, le droit à un emploi compatible avec leur corps et leur identité).

3) Les codes utilisés à l'intérieur du travail sont presque tous élaborés à partir de langages naturels valorisant un sujet masculin, soit explicitement, soit implicitement, par le contenu ou le style des discours tenus (le vocabulaire militaire y ayant une grande place). L'effet physique, psychique, intersubjectif de cette culture de l'entre-hommes sur les femmes au travail reste impayé, et même impensé et invisible. Il suffit néanmoins de faire des enquêtes visant une estimation, non seulement quantitative mais aussi qualitative, de l'évolution de l'identité féminine soumise à une ambiance culturelle exclusivement masculine pour comprendre le prix payé. J'ai déjà réalisé ou coordonné à ce sujet un certain nombre d'enquêtes portant sur le langage (en différentes langues). Je continue ce travail, avec des groupes de collaboratrices ou collaborateurs, en élargissant la collecte de données à d'autres domaines : amour, santé, relations à la famille, à la cul-

ture, etc.[3]. Le prix imposé aux femmes pour entrer dans les circuits du travail gérés par les hommes se révèle assez semblable à celui actuellement imposé à tout travailleur soumis à un langage qui lui est partiellement étranger : celui de l'informatique, par exemple. Des groupes de diagnostic ont été organisés à ce sujet en Italie par des intellectuels travaillant pour les syndicats et des thérapeutes. Ces groupes de discussions sur les nouvelles technologies font apparaître comme effets de l'utilisation d'un code étranger à soi : un progressif isolement, le caractère fragmentaire du savoir, le « vol des connaissances » par non-gestion de celles-ci par soi-même mais par les ordinateurs (ou les patrons masculins ?). Cela détermine des sentiments d'angoisse, d'agressivité et une progressive perte d'identité. Les émotions sont parfois si fortes qu'il est difficile ou impossible que se forme une pensée collective ou un groupe de travail. L'isolement entendu comme comportement, comme pensée, comme mécanisme inter- ou intra-subjectif représente l'image des défenses nécessaires aux travailleurs – et aux travailleuses... – devant la soumission à des codes qu'ils – ou elles – ne peuvent maîtriser[4]. A qui voudrait objecter que tout cela n'existe que chez nos voisins et non chez nous, je suggérerai de passer un ou deux jours en compagnie des fonction-

---

3. Cf. *Sexes et genres à travers les langues, op. cit.*, et *L'ordre sexuel de la langue et du discours* (polycopié de mon séminaire au Collège international de philosophie, 1988-1989).
4. Cf. Document de travail de l'Université de Bologne, c/o Clinica psichiatrica, via S. Luca 9/2 Bologna.

naires actuellement soumis à l'usage de l'informatique : agents de la S.N.C.F., des P.T.T., etc. Ces représentants de la fonction publique ont oublié la plus élémentaire politesse et le souci de leur intérêt. A peine leur demandez-vous un service payant (de votre part) qu'ils — ou elles d'ailleurs — vous font la morale, vous injurient, tout cela avec une incompétence quasi totale dans leur travail qu'ils ne maîtrisent plus. Il y a quelques raisons de s'inquiéter devant l'agressivité montante de ces médiateurs sociaux, agressivité consécutive aux changements advenus dans leur travail du fait de l'usage de l'ordinateur faisant fonction d'écran entre l'usager et eux.

Travailler ne revient pas seulement à gagner de l'argent. Le travail a une valeur humaine, individuelle et collective. Celle-ci se traduit de diverses manières. Le type de travail et la manière dont il s'exerce en est une. La valorisation du travail par sa désignation sociale en est une autre. La manière dont un travailleur, ou une travailleuse, peut se rapporter aux biens acquis en est une troisième. L'usage qui est fait de sa personne et de son produit par les relais publicitaires et médiatiques en est une quatrième. Et il y en a bien d'autres.

Pour illustrer l'inégalité de valorisation, donc des types de salaire, comme rétribution du travail des femmes et des hommes, je donnerai trois exemples :

1) Celui de la *qualification professionnelle* inégalement accessible mais aussi inégalement gratifiante pour les deux sexes. En effet, la valorisation

professionnelle ne correspond pas à un simple problème d'augmentation de salaire. Elle se traduit, entre autres, par un changement de titre désignant l'échelon professionnel. Or là encore les habitudes, les insuffisances et les résistances des usages et des codes linguistiques rendent difficile la désignation de la qualification professionnelle des femmes. Cette question a déjà été souvent abordée car elle représente un lieu intermédiaire entre sujet et objet, travailleuse et salaire. De plus, cette revendication recoupe, ou se conjugue facilement avec, des revendications déjà existantes dans le monde du travail masculin. L'objectif est donc plus facile à exposer. Mais sa solution voit souvent s'opposer comme obstacles l'usage des codes linguistiques déjà existants (ainsi *médecine*, par exemple, désigne un instrument et une discipline dans le contexte de la vie professionnelle du médecin, ou encore, le féminin du mot désignant la profession est péjoratif du fait de son suffixe : *doctoresse*), et des résistances sociales actuelles relatives aux niveaux professionnels permis ou interdits aux femmes. Cela entraîne, parmi beaucoup d'injustices sociales, des étrangetés ou anomalies linguistiques assez amusantes dont je voudrais citer un exemple. Il est extrait du journal *L'indépendant* du 3 septembre 1987. Il correspond à la rubrique nécrologique d'une femme politique française :

« Nicole Chouraqui, ancien secrétaire général adjoint du R.P.R., député européen, maire adjoint de Paris est décédée à son domicile parisien à l'âge de 49 ans des suites d'un cancer.

152

« Née à Alger le 18 mars 1938, cette économiste de formation, après une carrière d'analyste financier à la banque de l'Union parisienne de 1960 à 1966, s'était engagée dans la vie politique en adhérant au Parti radical. En 1970, elle rejoint le R.P.R., dont elle sera membre du bureau politique jusqu'en 1977, puis secrétaire général adjoint en 1978. Secrétaire national chargé du travail, de 81 à 84, elle est élue député européen en 1979 et réélue en 1984.

« Conseiller de Paris dans le XIX\ :sup:`e` arrondissement, adjoint au maire Jacques Chirac, elle était aussi conseiller régional d'Ile-de-France. Mariée à l'assureur Claude Chouraqui, elle était mère de deux filles. »

Pour le commentaire, je renvoie au texte « Comment devenir des femmes civiles ? », paru dans *Le temps de la différence* (biblio essais, 1989).

2) Celui de la *désignation des objets et des biens*. Les sujets féminins et leurs qualités professionnelles sont donc encore mal représentés au niveau linguistique. Et il n'est pas possible, en langues romanes, de rééquilibrer la valeur du féminin par la conquête de biens ou d'objets. En effet, la différence des sexes ne se manifeste pas immédiatement au niveau de l'objet possédé en italien ou en français comme en anglais ou en allemand, par exemple. Le possessif prend, dans nos langues, le genre de l'objet et non celui du possesseur. On dit : il ou elle voyage avec *sa* voiture ; il ou elle embrasse *son* enfant ; il ou elle écrit *son* livre dans *sa* maison. Et si une Anglo-

Saxonne peut se satisfaire d'avoir *sa* mari (comme lui a *son* femme), d'avoir acquis *sa* maison, d'avoir conquis *sa* poste universitaire, d'avoir écrit *sa* livre, etc., il n'en va pas de même pour les femmes qui ont une langue beaucoup plus sédimentée du point de vue subjectif. Cela signifie que les relations sujets-objets sont beaucoup plus complexes en langues romanes et que les choses et les mots eux-mêmes y ont des propriétés sexuées comme les sujets [5].

Aujourd'hui, il est de mode de dire que le genre des mots est arbitraire, sans aucune relation à la question du sexe. C'est inexact. Le genre des mots est, d'une façon ou d'une autre, lié à la question du genre des sujets parlants. Les mots ont en quelque sorte un sexe caché, et ce sexe est inégalement valorisé suivant qu'il est masculin ou féminin. Ce fait n'est pas toujours directement perceptible et il faut souvent réaliser des études approfondies, synchroniques et diachroniques, sur le lexique et la syntaxe pour le faire apparaître.

Un autre mécanisme que l'identification entre la réalité désignée et le sexe joue :
- les êtres vivants, animés, humains, cultivés deviennent du masculin ;
- les objets privés de vie, inanimés, non humains, incultes deviennent du féminin.

Cela veut dire que les hommes sont devenus les seuls sujets sociaux et que les femmes sont assimilées à des objets d'échanges entre eux.

---

5. Cf. aussi « Sexes et genres linguistiques », p. 83, et *Sexes et genres à travers les langues*, « Conclusions », *op. cit.*

Ce statut du genre des mots apparaît progressivement avec les cultures patriarcales définies par l'échange des femmes entre hommes, la domination de la famille par le père et la patrilinéarité (ou la structure matrilinéaire avunculaire qui la précède), l'appropriation par l'homme-père des biens : terres, outils, maison, arts, langages, dieux, ciel, etc. Le patriarche possède donc femmes et outils comme biens souvent marqués du genre féminin. C'est une des raisons pour lesquelles la désignation professionnelle des femmes fait souvent problème : le féminin du terme masculin est devenu le genre de la chose de l'homme (le *moissonneur* est un homme, la *moissonneuse* est un outil utile à l'homme, le *médecin* est un homme, la *médecine* est son outil, etc.). Il y a donc une triple difficulté à utiliser ce mot pour nommer le statut professionnel d'une femme :

a) L'homme tient au sexe de son outil qui relaie sa partenaire sexuelle.

b) La femme ne veut pas d'une dénomination dévalorisante au niveau des personnes, et ce qui lui est proposé est un nom de chose (médecine) ou un nom de personne avec un suffixe péjoratif (doctoresse, par exemple).

c) Comment mettre une femme au travail avec une machine qui s'est substituée à elle ?

Ces questions sont donc complexes au niveau de la langue et au niveau des statuts socio-économiques. Et, une fois de plus, les femmes se trouvent pénalisées du fait d'être femmes dans la culture actuelle, qui manifeste une fondamentale injustice vis-à-vis de leur identité humaine.

155

3) Celui des *habitudes publicitaires*, y compris *médiatiques*, relatives aux produits « à vendre ». De même que les femmes ont été des objets d'échanges entre hommes, familles ou tribus, la compétitivité commerciale use autoritairement de leur corps et de leur parole sans souci de leur dignité humaine, y compris de femmes au travail. Les femmes sont donc dévalorisées ou exploitées une fois de plus en ce sens qu'elles sont utilisées à la commercialisation de produits qu'elles ont peut-être elles-mêmes fabriqués [6]. De plus, des usages publicitaires les présentent indirectement comme méprisantes vis-à-vis des autres femmes.

*

Le prix des mots, le sens économique du discours, des discours, représentent un des problèmes importants de notre époque. Les motifs en sont multiples. J'en citerai cinq :

— l'entrée des femmes dans les circuits du travail productif,

— l'éveil de la conscience au sens de la justice économique,

— la tendance de notre temps à tout évaluer en chiffres,

— le passage aux langages artificiels, en particulier par souci de profit, exigeant d'aller « plus vite »,

---

6. Les réponses aux lettres de protestations de certaines femmes données par des organismes responsables des affichages publicitaires dans les lieux publics méritent, à elles seules, une autre étude.

— la soumission des langages naturels et des codages artificiels au règne de l'objet consommable et des échanges commerciaux, avec une perte importante des moyens d'échange, en particulier réciproques, entre les personnes.

Les relations entre les personnes représentent un des enjeux principaux du travail féminin, qu'il s'agisse de travail maternel, de travail familial, d'enseignement, de soins des malades, de travail d'assistance sociale, d'hôtesse de l'air, même de secrétariat, etc. Curieusement ce travail, très spécifiquement humain, reste impayé ou sous-payé. L'interrelation entre les personnes — dont les femmes, en fait, sont à notre époque les gardiennes objectives — doit-elle apparaître comme ce qui n'a pas de prix? ce qui doit rester impayé? Par manque ou par excès de valeur? La culture actuelle répond, hélas, à cette question en dévalorisant aussi socialement ce travail. Ainsi, les enseignantes, les infirmières, les travailleuses sociales ou ménagères demandent-elles aujourd'hui autant le respect de leur personne et de leur travail qu'une augmentation de salaire (c'est souvent une démarche des femmes).

Pourquoi un tel travail est-il à ce point dévalorisé? Parce qu'il est un travail féminin ou parce qu'il concerne la relation entre les personnes, et non la production et le commerce d'objets? Il se trouve que ces deux faits coïncident mais ils posent des questions importantes sur le présent et le futur de la culture humaine. Sommes-nous en train d'oublier le prix du langage comme moyen de communication entre les personnes ? Sommes-nous en train de perdre notre humanité au profit d'objets fabriqués, dont nous devenons les esclaves, ou en faveur d'échanges purement monétaires, dont nous devenons les serviteurs ? Sommes-nous, au nom de tels enjeux, déjà asservis aux machines au point d'avoir perdu notre liberté de choisir dans bon nombre de situations ? Quel est alors le sens de la parole à notre époque ? Et, si nous ne parlons plus, ne nous parlons plus, sommes-nous encore des humains ? Sommes-nous encore des vivants ? Cette question semble coïncider avec celle d'un manque de souci du passage de la nature à la culture en ce qui concerne notre iden-tité sexuée, et celle du peu de prix accordé aux relations intersubjectives, plus liées à la personne et au travail des femmes.

Mai 1989.

Donc :

À QUAND NOTRE DEVENIR FEMMES ?

La maternité revient à la mode du côté des femmes, y compris du côté de certaines militantes, notamment à cause des méthodes de fécondation artificielle. Les technologies nouvelles auront-elles raison de l'identité féminine comme les anciens patriarches ? La situation est même pire en un certain sens. En effet, l'établissement du pouvoir patriarcal ne s'est pas réalisé sans guerres, sans luttes, sans meurtres évidents. Il suffit d'interroger l'Histoire ou la Pré-histoire – juste avant ladite Histoire – pour le savoir [1].

Aujourd'hui que les femmes sont orphelines de Dieu(x)-elle(s), de déesse(s) femme(s), de mère divine de filles, de généalogie spirituelle, elles sont prêtes à tout pour affirmer un peu d'autonomie au risque d'une perte supplémentaire d'identité féminine. Ainsi, faire un enfant sans homme représenterait, pour certaines, le comble de la liberté. Cela revient toujours à se définir par rapport à l'autre sexe et non par rapport à soi ; cela revient à se penser sans l'autre et non à se

---

1. Cf., à ce propos le chapitre « Mythes religieux et civils ».

penser soi, à penser à soi, à moi-elle, à nous et avec nous elles.

De plus, un enfant sans homme est toujours un enfant. La femme s'y retrouve encore et toujours mère. Et, si la liberté des femmes se définit seulement par leur capacité à se priver de l'homme dans la procréation, je trouve cette liberté bien précaire. D'autant que l'homme n'est pas absent de cette procréation artificielle. Il y est au moins triplement présent.

— D'abord, l'enfant conçu sans partenaire sexuel sera néanmoins tributaire du sperme masculin. Or y a-t-il pire naturalisme que cette conception par une semence anonyme séparée du sujet qui l'a engendrée. Certaines féministes, qui s'élèvent passionnément contre le rapport des femmes à leur nature et à la nature, retomberaient ainsi dans l'épure biologique définie par le peuple des hommes : la nature privée de toute grâce, le châtrage du désir *féminin*.

— Ensuite, les hommes ne sont pas du tout absents des technologies de reproduction. Ils y sont même extrêmement intéressés par le biais de l'argent. La prostitution fait de l'argent sur le sexe des femmes, la procréation artificielle en fait sur le ventre maternel.

— Enfin, l'univers patriarcal est celui qui a réduit les femmes à la maternité. Et, tant que les femmes s'occupent de leur ventre, toujours un peu « malade » selon l'expression de Simone de Beauvoir — à qui il aurait été judicieux de demander pourquoi le ventre des femmes serait par « nature » malade —, elles (ne) s'occupent (que) de ça... L'organisation sociale, la gestion du politique, du religieux, des échanges symboliques, bref les choses spirituelles sérieuses restent aux mains des hommes.

Les savants actuels se penchant sur leurs éprouvettes pour décider de la fécondité ou fécondation d'une femme sont bien proches des théologiens spéculant sur l'éventualité d'une âme féminine ou sur le moment d'existence de celle du fœtus. La démarche apparaît semblable, peut-être pire. Et, au besoin, les savants seront des savantes. Mais cela ne suffit pas à la définition d'une identité féminine. Ces variations technologiques du patriarcat semblent même dérisoires en regard de la tâche que les femmes ont à réaliser pour réparer une perte d'identité qui, éventuellement, les rend stériles et leur fait mal au ventre. Elles sont bien peu éthiques aussi en tant qu'elles entretiennent une dérivation de l'attention sur un enfant de plus, sans responsabilité vis-à-vis de l'avenir de cet enfant dans le monde présent et futur. Quelques femmes pourront enfanter qui ne le pouvaient pas ? D'accord. Mais combien d'enfants de nos jours meurent de faim naturelle ou spirituelle ? Alors pourquoi ce pathos autour d'une maternité possible ou impossible ? Parce que les femmes n'ont d'autre horizon que maternel. Et il y a un risque réel que certaines femmes, qui se croient émancipées de leur nature telle qu'elle a été définie par le patriarcat, se resoumettent corps et « âme » à cette variante de leur sort qui s'appelle la procréation artificielle.

Les mères fécondées artificiellement, les mères porteuses, les hommes engendrant futuriblement (dans leur intestin?), quoi encore?! Cela nous permettra-t-il de sortir de cette obligation d'enfanter, notre seul « destin » sexuel selon les patriarches, pour nous connaître, nous aimer et nous créer selon les différences de nos corps? Je m'étonne que certaines militantes s'embarquent dans de tels combats alors que tant de jeunes femmes et tant de filles attendent de leurs aînées culturelles un message sur leur possible devenir femmes sans soumission *exclusive* à la maternité et sans réduction à l'identité masculine pour autant. Je pense que cela signifie que les enjeux de libération restaient liés à une culture sans chances subjectives pour les femmes, et que, à défaut d'une identité propre, beaucoup se cherchent obscurément une petite place dans une époque technologique qui a besoin de leurs ressources d'énergie pour se donner des illusions d'avenir. C'est tristement répétitif, ennuyeux, un peu décourageant, même si superficiellement ce détournement d'attention arrange beaucoup de monde...

Cet ouvrage a été réalisé par la
SOCIÉTÉ NOUVELLE FIRMIN-DIDOT
Mesnil-sur-l'Estrée
pour le compte des Éditions Grasset
en novembre 1990

Imprimé en France
Dépôt légal : novembre 1990
N° d'édition : 8296 – N° d'impression : 15147
ISBN : 2-246-43051-8